EASY*style*

STRICKEN FÜR EINSTEIGERINNEN

EASY*style*

STRICKEN FÜR EINSTEIGERINNEN

MODELLE • STRICKSCHULE • TIPPS

Liebe Leserin,

Haben Sie schon die neuesten Maschen-Stars entdeckt? Grobgestrickte Modelle sind jetzt auf Trendkurs. Auch bei mir! Denn es gibt nichts Schöneres, als sich bei frostigen Temperaturen in etwas Selbstgestricktes zu hüllen.

Ob freches Cape, kultiger Strickbeutel oder Kuschelweste: Die Designs sind – mit voluminösem Garn und dicken Nadeln – schnell umgesetzt und garantiert pünktlich zur Wintersaison fertig. In modischen Trendfarben gestrickt, ist dann ganz bestimmt Schluss mit dem Wintergrau!

Und keine Angst: Für diese trendstarken Designs muss man nicht zur Strickelite gehören. Dank der detaillierten Anleitungen ist das Nacharbeiten ganz einfach. Schauen Sie sich doch auch mal meinen Strickkurs auf DVD an: Strickfans finden hier bestimmt noch den einen oder anderen Tipp!

Also, los geht's: Starten Sie jetzt in einen bestrickenden Winter mit trendigem Wohlfühlstrick aus soften Garnen – für mich ist das einfach rekordverdächtig!

Viel Spaß wünscht Ihnen

Ihre

6

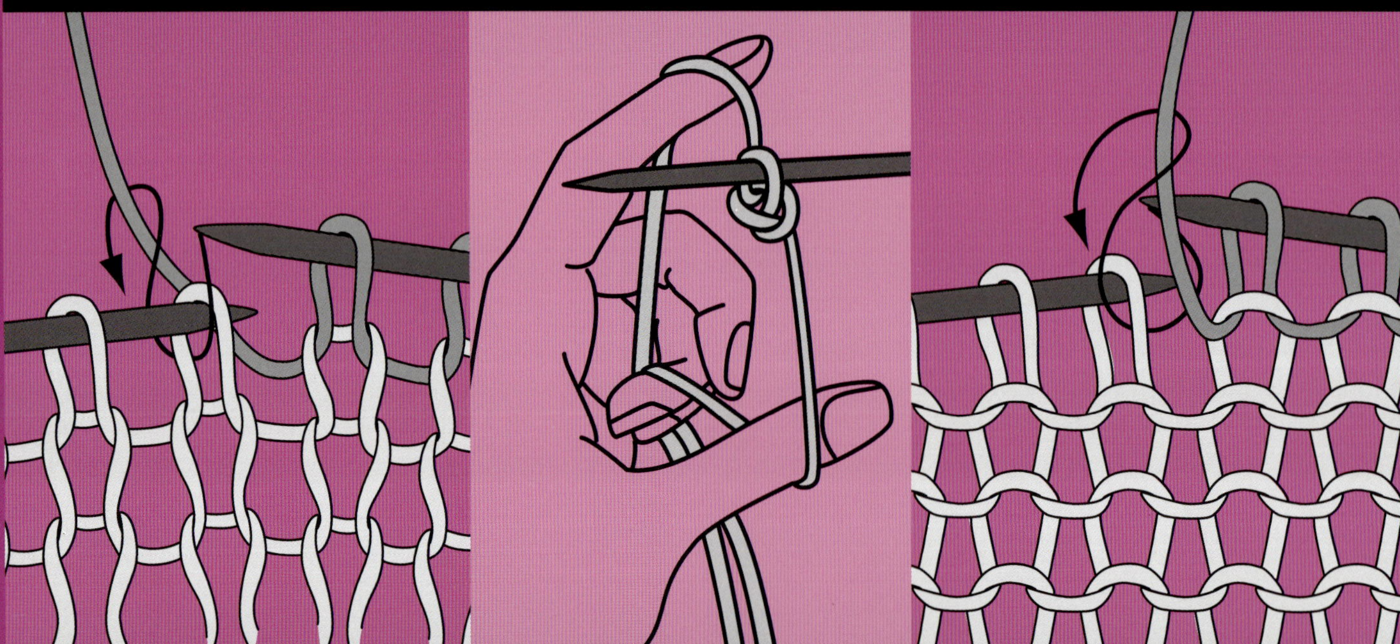

strick KURS

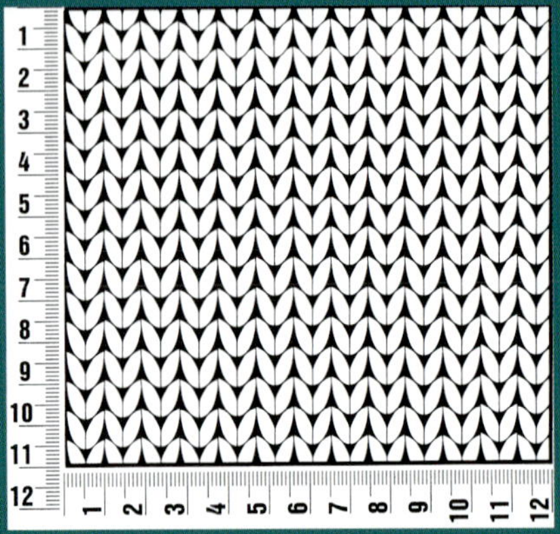

Maschenprobe

Machen Sie eine Maschenprobe! Stricken Sie dafür ein 12 cm x 12 cm großes Stück im Muster Ihres ausgesuchten Modells. Danach zählen Sie Maschen und Reihen im Bereich 10 cm x 10 cm aus. Sind es weniger Maschen als in der Anleitung angegeben: Stricken Sie fester oder nehmen Sie dünnere Nadeln (½ bis ganze Nadelstärke). Haben Sie mehr Maschen gezählt: Versuchen Sie lockerer zu stricken beziehungsweise nehmen Sie dickere Nadeln. Bitte beachten Sie: Strickarbeiten fallen unterschiedlich aus. Daher sind die Maschenproben-Angaben auf den Banderolen der Wolle nicht als verbindlich anzusehen. Außerdem werden diese immer auf der Basis glatt rechts erstellt. Für eine perfekte Arbeit ist daher die Maschenprobe im gewünschten Muster ein Muss. Damit Ihr Wunschmodell nicht nur schön aussieht, sondern auch passt!

Nadelarten

Stricknadeln gibt es in unterschiedlichen Dicken, Längen, Materialien und Ausführungen. Je nach geplantem Projekt kommen verschiedene Stricknadel-Arten zum Einsatz. Die Nadelstärke entspricht dem Durchmesser der Nadel in mm.

Die Jackennadel mit gleichbleibend dickem Schaft der entsprechenden Nadelstärke hat wohl jeder als die klassische Stricknadel vor Augen.

Viele Strickerinnen greifen gerne zu Rundstricknadeln: Sie bestehen aus zwei Nadelschäften, die durch ein flexibles Kunststoffseil miteinander verbunden sind. Es gibt sie in verschiedenen Stärken und Längen. Mit Rundstricknadeln kann man sowohl in Runden als auch in Reihen arbeiten.

Für kleinere Projekte, die in Runden gestrickt werden, wird ein Nadelspiel verwendet. Ein Nadelspiel besteht aus 5 Nadeln gleichbleibender Stärke, die an beiden Seiten Spitzen haben. Die Nadeln sind meist 20 cm lang, es gibt aber auch andere Längen für spezielle Projekte wie z.B. Handschuhe.

In der Regel werden Stricknadeln aus beschichtetem Aluminium, aber auch aus Kunststoff, Bambus und Edelhölzern wie Rosenholz und Ebenholz angeboten. Mit welchem Material man arbeitet, hängt hauptsächlich von der persönlichen Vorliebe ab.

Einfacher Maschenanschlag

Jedes Strickstück beginnt mit einem Maschenanschlag. Der bekannteste ist der einfache Kreuzanschlag. Er kann bei jedem Strickmuster verwendet werden, dabei ergibt sich ein fester, elastischer Rand. Um ein ordentliches Strickstück zu erhalten, sollte die Anschlagreihe gleichmäßig gearbeitet werden. Der Anschlag sollte weder zu fest sein, damit sich die 1. Musterreihe gut abstricken lässt, noch zu locker, damit der folgende Bund hinterher nicht zu schnell ausleiert. Mit etwas Übung kein Problem! Am besten gleich ausprobieren.

Falls Sie merken, dass bei Ihrer Strickweise der Anschlag zu fest wird, können Sie den Anschlag auch mit 2 Nadeln ausführen. Dann ziehen Sie einfach vor dem Stricken die zweite Nadel heraus. Schlagen Sie am besten bis ca. Nadelstärke 3,5 mm jeweils mit 2 Nadeln an. Bei größerer Nadelstärke reicht eine Nadel aus.

Für die notwendige Länge des Arbeitsfadens schlagen Sie probeweise 10 Maschen an, trennen sie wieder auf und messen den Faden ab. So wissen Sie, wieviel Zentimeter des Originalmaterials Sie dafür gebraucht haben und können die Menge für die benötigte Maschenzahl Ihres Strickstücks leicht errechnen. Sie brauchen für eine Anschlagmasche ca. 1,5 bis 2,5 cm Fadenlänge, je nach Stärke des Materials. Geben Sie auf jeden Fall noch 20 cm Faden hinzu, damit Sie auch die letzten Maschen problemlos anschlagen können. Im Zweifelsfall bemessen Sie den Faden lieber zu lang als zu kurz, denn den übrigen Faden können Sie dann fürs Zusammennähen verwenden.

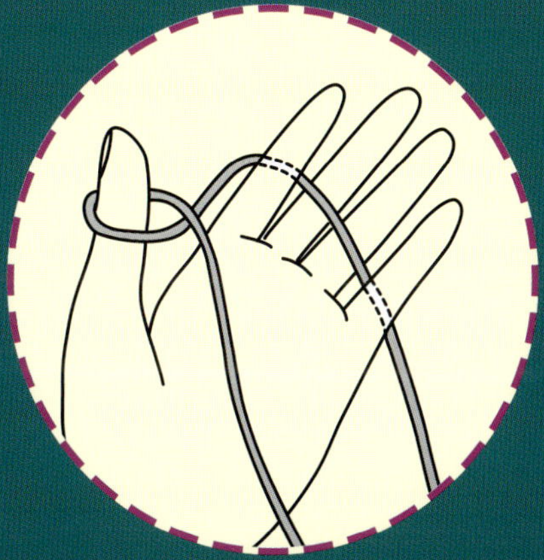

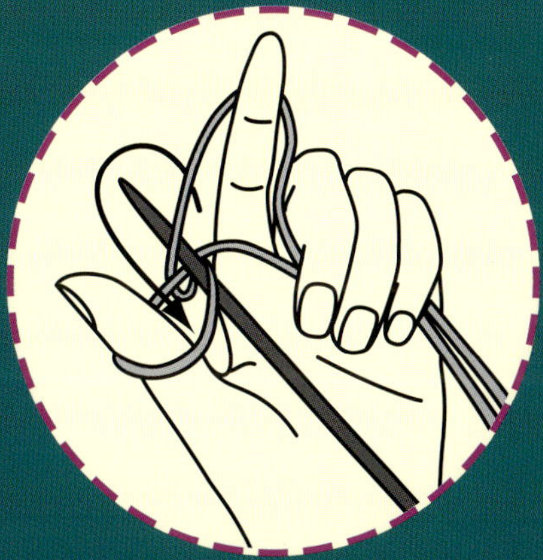

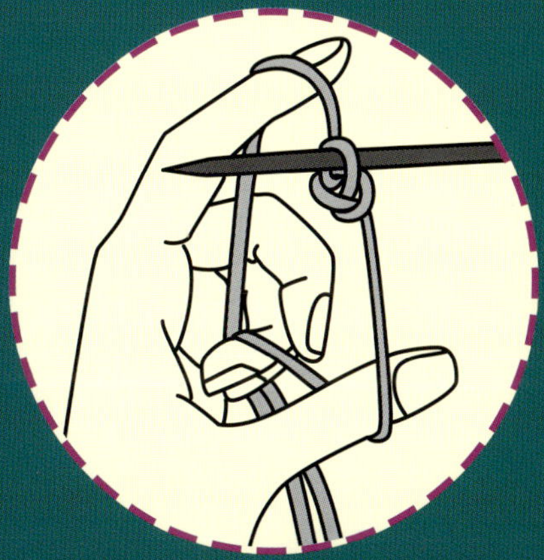

1 Legen Sie den vom Knäuel kommenden Faden lt. Abbildung um die Finger der linken Hand. Fahren Sie von hinten nach vorn um den kleinen Finger, dann um den Zeigefinger. Anschließend legen Sie von vorn nach hinten eine Schlinge um den Daumen. Das Fadenende hängt über der Handfläche.

2 Nun führen Sie die Nadel von unten nach oben durch die Daumenschlinge und holen den vom Zeigefinger kommenden Faden in Pfeilrichtung durch die Schlinge.

3 Lassen Sie die Schlinge vom Daumen gleiten. Legen Sie den Daumen wieder über den Faden, spannen Sie den Daumen an und ziehen Sie den Faden straff. Die 1. Masche liegt auf der Nadel.

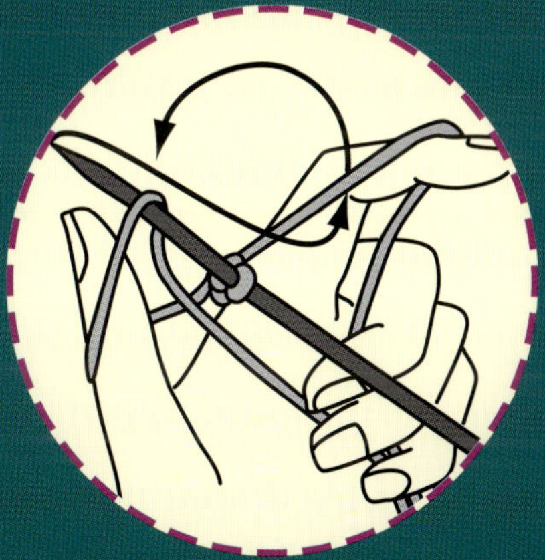

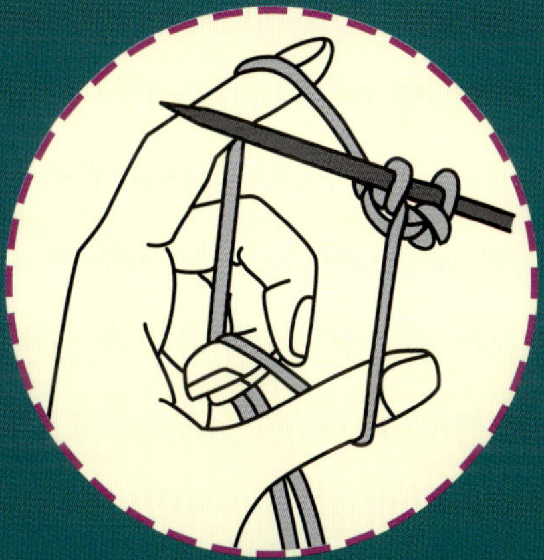

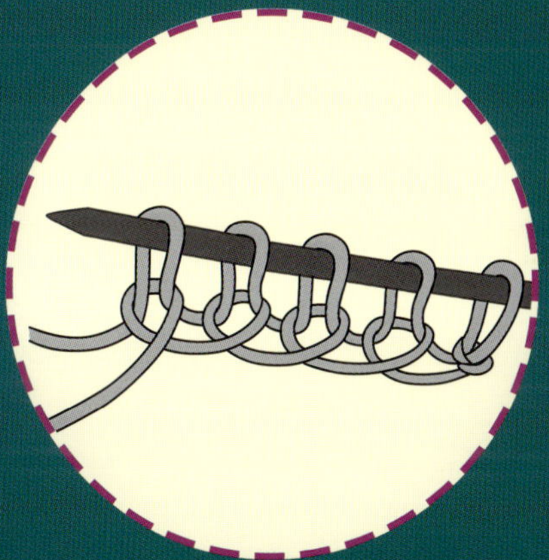

4 Legen Sie erneut den Endfaden als Schlinge um den Daumen und holen Sie den Faden in Pfeilrichtung durch die Schlinge.

5 Nehmen Sie wieder den Daumen aus der Schlinge und ziehen Sie den Faden straff. Die 2. Masche liegt auf der Nadel. Wiederholen Sie die Arbeitsgänge 4 und 5 bis zur gewünschten Maschenanzahl.

6 Auf dieser Abbildung sehen Sie 5 Maschen des Anschlags.

Rechte und linke Maschen

Für jedes Strickstück bilden rechte und linke Maschen die Basis. Alle Muster sind auf diesen Grundstrickarten aufgebaut. Die rechts gestrickte Masche erscheint auf der Rückseite links. Die links gestrickte Masche erscheint auf der Rückseite rechts.

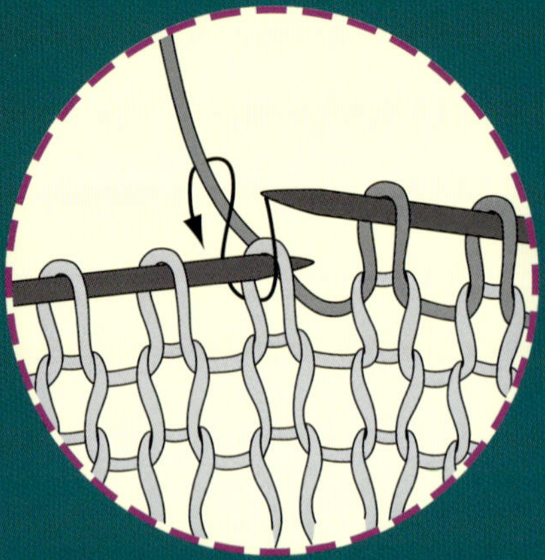

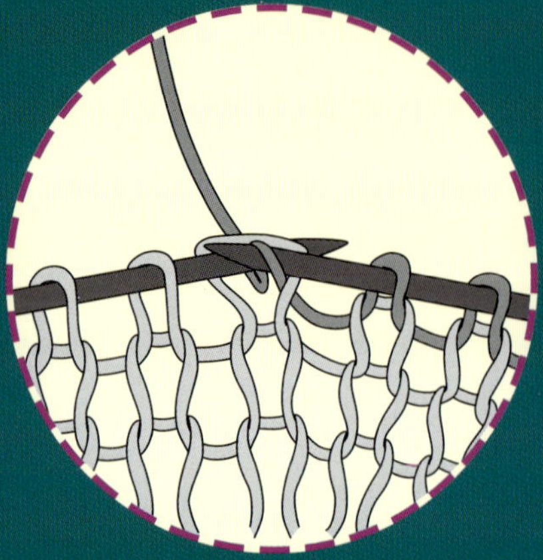

RECHTE MASCHEN

1 Bei der rechten Masche liegt der Arbeitsfaden immer hinter der Arbeit. Sie stechen mit der rechten Nadel von vorne nach hinten in die Masche der linken Nadel. Dann ziehen Sie mit der rechten Nadel ...

2 ... den Faden nach vorne durch, siehe Pfeil. Die neue Masche liegt nun auf der rechten Nadel. Die abgestrickte Masche lassen Sie von der linken Nadel gleiten.

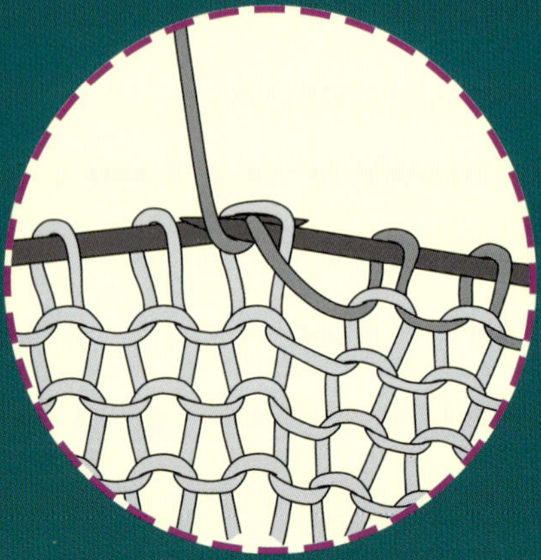

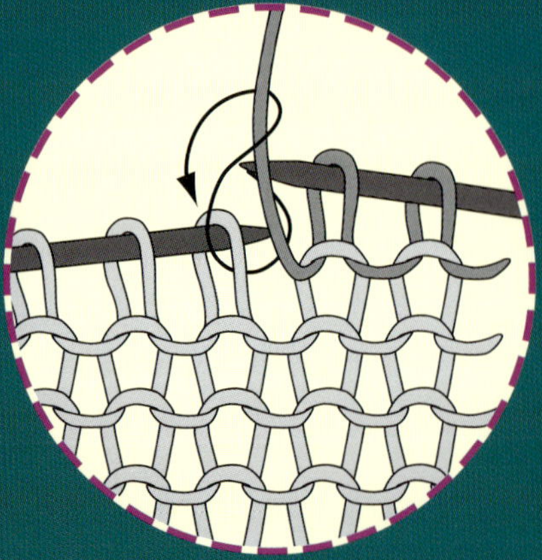

LINKE MASCHEN

1 Bei der linken Masche liegt der Arbeitsfaden immer vor der Arbeit. Sie stechen mit der rechten Nadel von rechts nach links in die Masche der linken Nadel, siehe Pfeil. Legen Sie den Arbeitsfaden von vorn nach hinten um die Spitze ...

2 ... der rechten Nadel. Dann ziehen Sie den Faden von vorne nach hinten durch. Die neue linke Masche liegt nun auf der rechten Nadel. Die abgestrickte Masche lassen Sie von der linken Nadel gleiten.

Einfaches Abketten

Um ein Strickstück zu beenden, ketten Sie die Maschen ab. Die häufigste Art ist das Überziehen von Maschen. Dabei sollten Sie auf jeden Fall darauf achten, dass die Maschen nicht zu fest angezogen werden, damit der Rand elastisch bleibt.

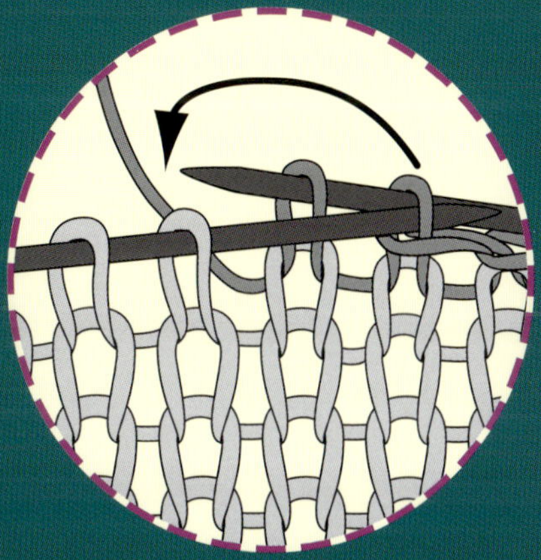

GLATT-RECHTS-GRUND

Bei glatt rechts gestrickten Teilen stricken Sie die Randmasche und die 2. Masche rechts. Dann heben Sie die Randmasche über die 2. gestrickte Masche. Danach stricken Sie stets nur 1 Masche rechts und wiederholen das Überziehen, bis alle Maschen der Reihe abgekettet sind. Am Ende schneiden Sie den Faden ab und ziehen das Fadenende durch die letzte Masche.

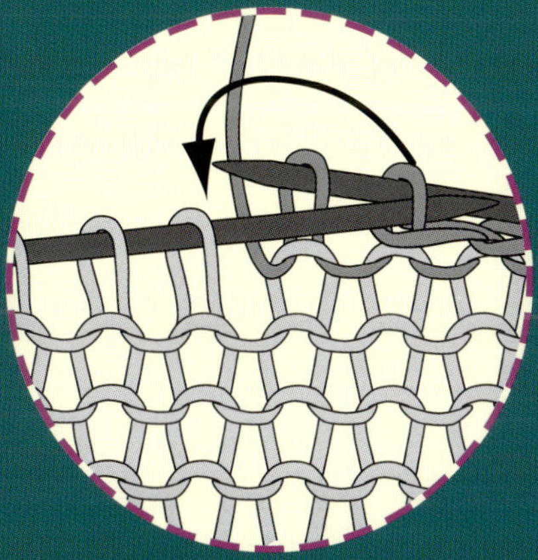

GLATT-LINKS-GRUND

Bei glatt links gestrickten Teilen stricken Sie die Randmasche wie gewohnt und die 2. Masche links. Dann heben Sie die Randmasche über die 2. gestrickte Masche. Danach stricken Sie stets nur 1 Masche links und wiederholen das Überziehen, bis alle Maschen der Reihe abgekettet sind. Am Ende schneiden Sie den Faden ab und ziehen das Fadenende durch die letzte Masche.

Jetzt können Sie z. B. dieses Modell stricken

In Runden stricken

Immer dann, wenn Nähte stören würden, können Sie anstatt in Reihen auch in Runden arbeiten. Dabei arbeitet man bis ca. 50 cm Umfang mit einem Nadelspiel, bei größeren Strickstücken mit einer Rundstricknadel.

RUNDSTRICKEN MIT DEM NADELSPIEL

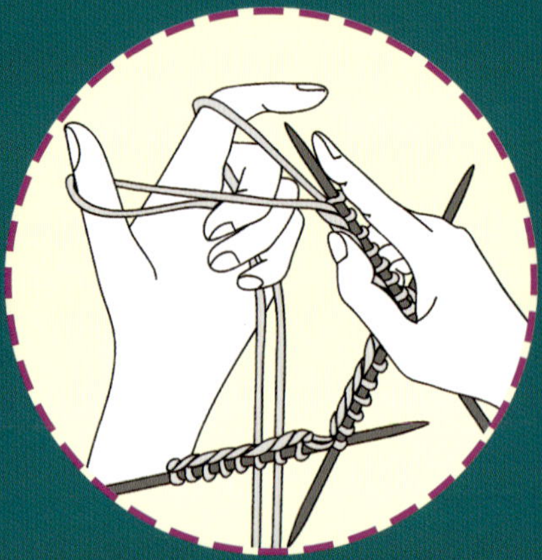

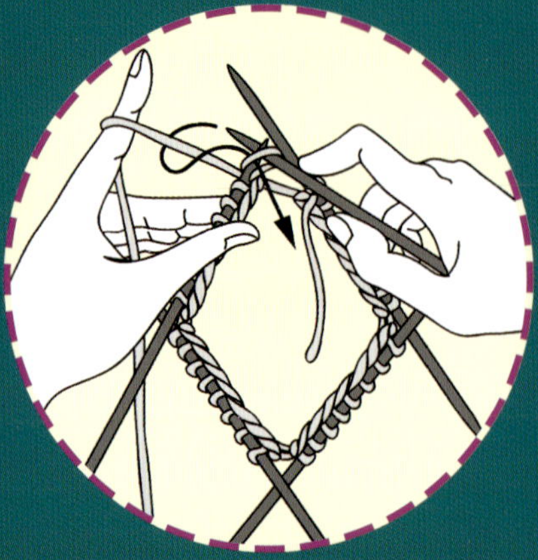

1 Die benötigte Maschenzahl schlagen Sie gleichmäßig verteilt auf den 4 Maschennadeln an. Die Nadeln schließen Sie dann zu einem Quadrat. Die Anschlagkante darf dabei nicht verdreht sein.

2 Mit der 5. Nadel stricken Sie die erste Anschlagmasche ab. Die Runde schließt sich. Wenn Sie die Maschen der 1. Anschlagnadel gestrickt haben, wird diese Nadel frei und wird zur Arbeitsnadel.

Jetzt können Sie z. B. dieses Modell stricken

Betonte Abnahmen

Um einem Strickstück eine bestimmte Form zu geben, ist es notwendig, Maschen abzunehmen. Dafür gibt es verschiedene Methoden. Für welche Sie sich entscheiden hängt davon ab, wie Ihr Strickstück hinterher aussehen soll. Bei Raglanschrägungen oder V-Ausschnitten sollten Sie sich für eine dekorative Methode entscheiden, so erhalten Sie einen sauberen Rand, der das spätere Zusammennähen der Teile bzw. das Auffassen der Maschen für eine Blende erleichtert.

2 Maschen rechts zusammenstricken

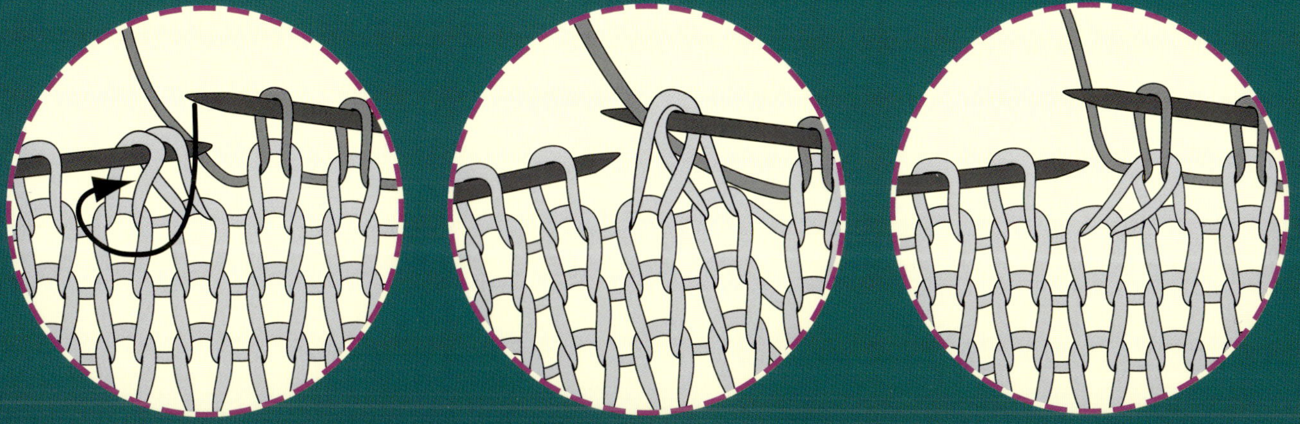

1 Führen Sie die rechte Nadel in Pfeilrichtung von links nach rechts gleichzeitig durch 2 Maschen der linken Nadel.

2 Erfassen Sie nun den Arbeitsfaden mit der rechten Nadelspitze und ziehen Sie ihn durch beide Maschen.

3 Die linke Masche legt sich nach rechts über die Masche davor. Aus beiden Maschen ist nun 1 Masche geworden.

2 Maschen überzogen zusammenstricken

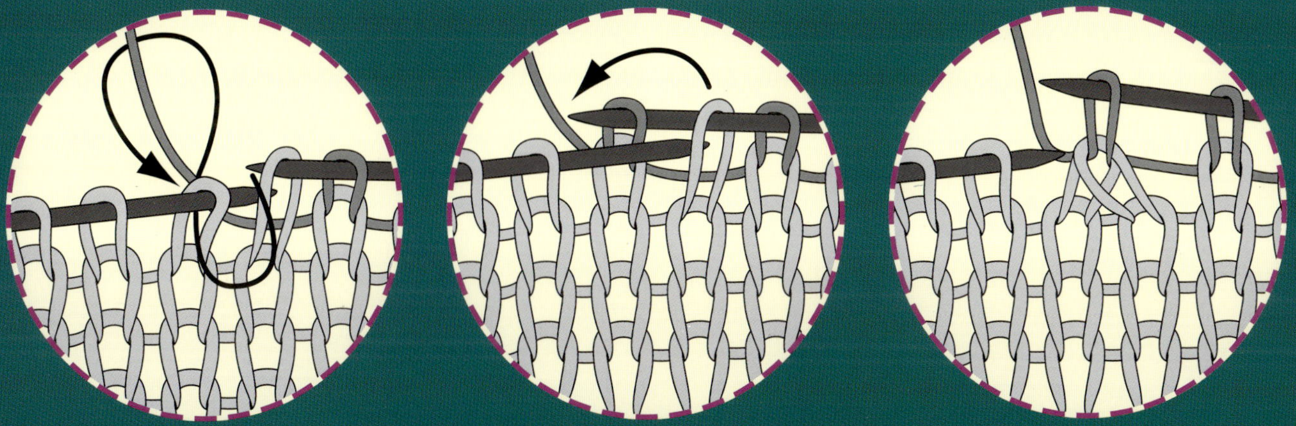

1 Heben Sie mit der rechten Nadel 1 Masche der linken Nadel wie zum Rechtsstricken ab. Stricken Sie die folgende Masche der linken Nadel rechts, siehe Pfeil.

2 Erfassen Sie nun die abgehobene Masche mit der linken Nadel und ziehen Sie sie über die rechts gestrickte Masche in Pfeilrichtung.

3 Die rechte = abgehobene Masche legt sich nach links über die gestrickte Masche. Aus beiden Maschen ist nun 1 Masche geworden.

Pompons anfertigen

Für einen Pompon in gewünschter Größe schneiden Sie aus fester Pappe 2 gleich große Scheiben zu. Die Scheiben sollten einen minimal größeren Außendurchmesser haben, als der Pompon werden soll. In der Mitte dieser Scheiben stanzen Sie jeweils 1 Loch aus, das ca. ein Drittel bis die Hälfte des Außendurchmessers beträgt. Dann legen Sie die Scheiben exakt aufeinander. Nun fädeln Sie mehrere lange Wollfäden in eine Wollnadel ein und umwickeln damit die Pappscheiben gleichmäßig dicht, siehe Abbildung 1. Wenn das Loch in der Mitte ausgefüllt ist, schneiden Sie die Wolle zwischen den Scheiben auf, siehe Abbildung 2. Ziehen Sie die Scheiben vorsichtig etwas auseinander und binden Sie die Wollfäden dazwischen mit reißfestem Faden gut ab. Die Fadenenden davon lassen Sie zum Annähen des Pompons hängen. Nun können Sie die Pappscheiben ganz entfernen. Lockern Sie den Pompon etwas auf und beschneiden Sie ihn kugelrund.

Jetzt können Sie z. B. dieses Modell stricken

Rechts verschränkte Maschen

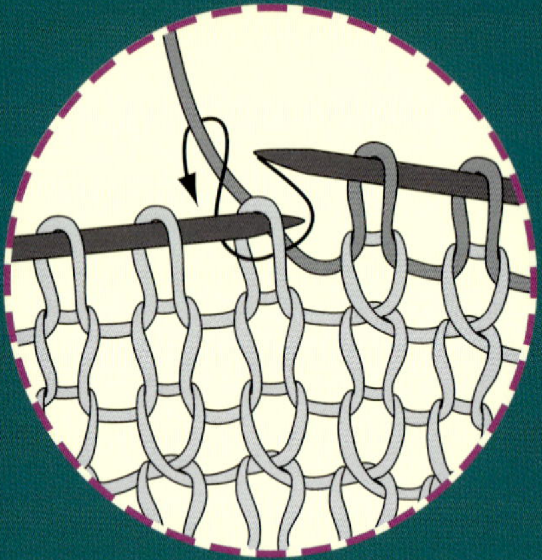

Bei der rechts verschränkten Masche liegt der Arbeitsfaden immer hinter der Arbeit. Sie stechen mit der rechten Nadel von rechts nach links in die Masche der linken Nadel, siehe Pfeil. Dann holen Sie mit der rechten Nadelspitze den Faden auf die Vorderseite der Arbeit durch. Die Masche der Vorreihe lassen Sie nun von der linken Nadel gleiten – sie hat sich verdreht.

strickKURS

Maschen zunehmen

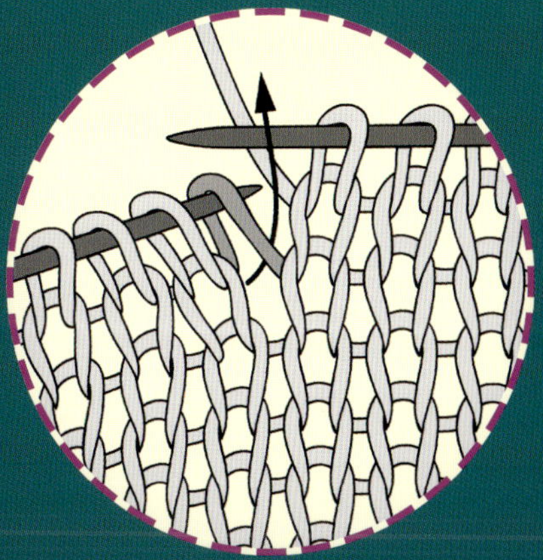

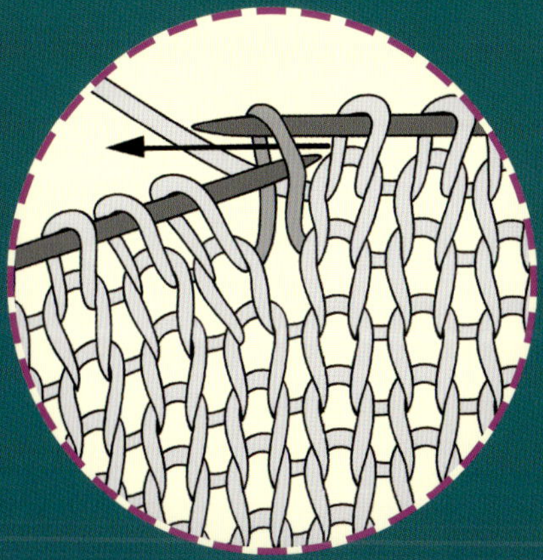

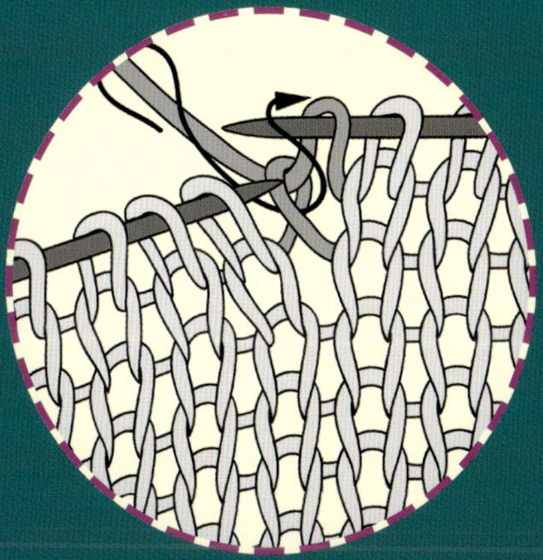

1 Nehmen Sie den Querfaden, der die Verbindung zwischen zwei Maschen bildet, mit der linken Nadel von vorne nach hinten auf.

2 Stechen Sie nun von rechts nach links in die Schlinge aus dem aufgenommenen Querfaden ein.

3 Holen Sie den Arbeitsfaden durch und lassen Sie den aufgenommenen Querfaden von der linken Nadel gleiten.

Umschlag

Umschläge arbeiten Sie hauptsächlich bei Ajour- bzw. Lochmustern. Für jeden Umschlag, der eine zusätzliche Masche bildet, müssen Sie wieder 2 Maschen zusammenstricken. Legen Sie für einen Umschlag den Arbeitsfaden von vorne nach hinten über die rechte Nadel und stricken Sie normal weiter. In der folgenden Rückreihe stricken Sie den Umschlag meistens links.

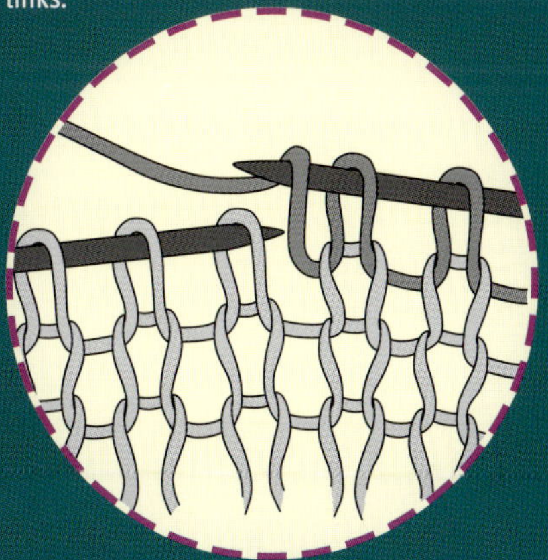

Fransen einknüpfen

Um Fransen an eine Kante einzuknüpfen, scheiden Sie Fäden in etwa doppelter Fransenlänge zu. Legen Sie mehrere Fäden zur Hälfte zusammen, ziehen Sie die Schlinge mit einer dicken Häkelnadel durch das Gestrick und holen Sie die Enden durch.

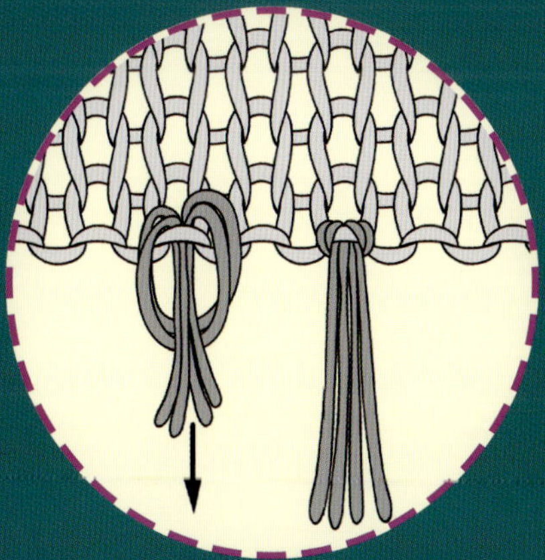

Jetzt können Sie z. B. dieses Modell stricken

Naht im Matratzenstich

Der Matratzenstich ist die beste Verbindung von Seiten- und Ärmelnähten. Durch ihn können Nähte fast unsichtbar geschlossen werden. Da Sie den Matratzenstich grundsätzlich von der rechten Seite des Strickstücks aus arbeiten, können Sie Muster und besonders Streifen exakt aneinanderfügen. Das Zusammenstecken und Heften der Teile entfällt. Legen Sie die Strickteile mit der rechten Seite nach oben nebeneinander. Beginnen Sie nun die Naht am unteren Rand. Verbinden Sie zunächst die Anschlagreihen miteinander, indem Sie zuerst beim rechten Teil, dann beim linken Teil den Querfaden neben der Randmasche von unten nach oben auffassen und den Nähfaden durchziehen. Dann fassen Sie stets beim rechten Teil den Querfaden zwischen der letzten Masche und der Randmasche, beim linken Teil den Querfaden zwischen der Randmasche und der ersten Masche auf und ziehen den Nähfaden durch. Nach je 2 bis 3 cm Naht ziehen Sie den Faden fest an.

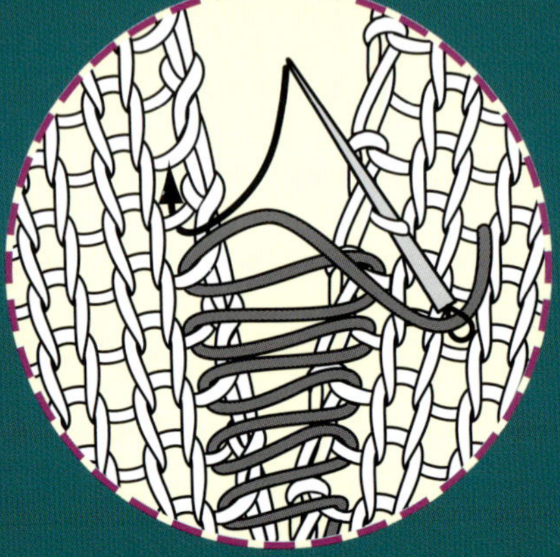

Häkelschule

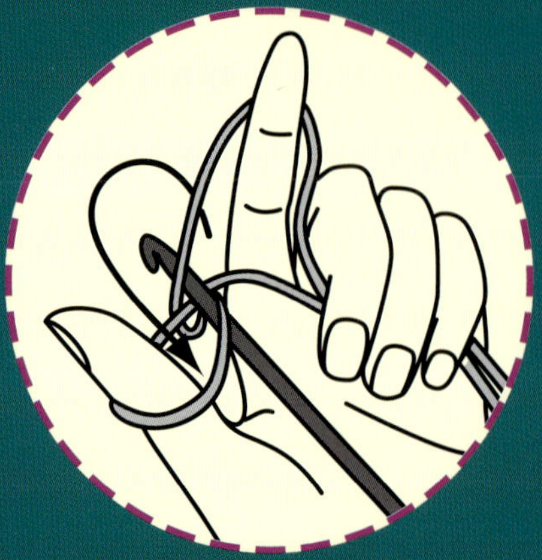

Anfangsschlinge

Legen Sie den Faden um die Finger der linken Hand. Führen Sie nun die Nadel von unten nach oben durch die Daumenschlinge. Erfassen Sie den vom Zeigefinger kommenden Faden mit dem Haken und ziehen Sie ihn in Pfeilrichtung durch die Schlinge. Lassen Sie die Schlinge vom Daumen gleiten und ziehen Sie die Anfangsschlinge an, so dass sie locker auf der Nadel liegt.

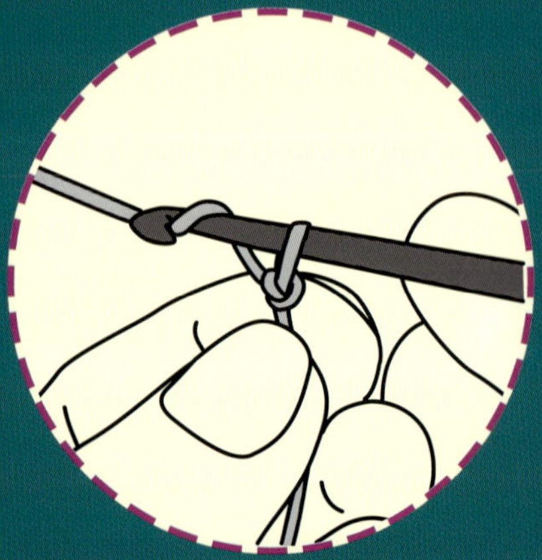

Luftmasche

Nun halten Sie das Fadenende mit Daumen und Zeigefinger der linken Hand fest. Fahren Sie mit der Häkelnadel unter dem vom Zeigefinger kommenden Faden durch und ziehen Sie mit dem Haken den Faden durch die Anfangsschlinge. So ist die 1. Luftmasche entstanden. Diesen Vorgang wiederholen Sie so oft durch die zuletzt gehäkelte Luftmasche, wie Sie Luftmaschen für Ihr gewünschtes Häkelteil brauchen, dabei rutschen Sie mit Daumen und Zeigefinger stets nach, d. h. Sie halten den Luftmaschenanschlag am besten immer bei der vorletzten Luftmasche fest, um die folgende Luftmasche zu häkeln.

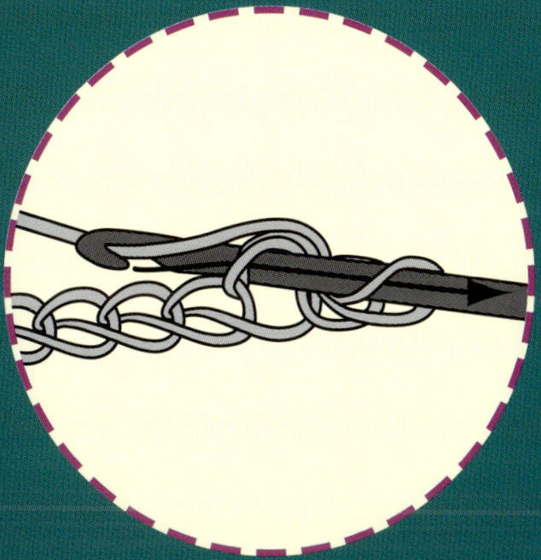

Kettmasche

Die niedrigste Häkelmasche ist die Kettmasche. Sie stechen mit der Häkelnadel in die entsprechende Masche ein, in die eine Kettmasche gehäkelt werden soll. Dann holen Sie den vom Knäuel kommenden Faden in Pfeilrichtung durch und ziehen ihn in einem Zug durch die Masche und die auf der Nadel liegenden Schlinge. Die Kettmasche legt sich seitlich über die Häkelarbeit und ergibt keine zusätzliche Höhe. Sie verwenden Kettmaschen am meisten bei Abnahmen am Reihenanfang oder beim Häkeln in Runden, um die Runden zu schließen. Sie können die Kettmasche aber auch als Ziermasche auf ein Teil aufhäkeln.

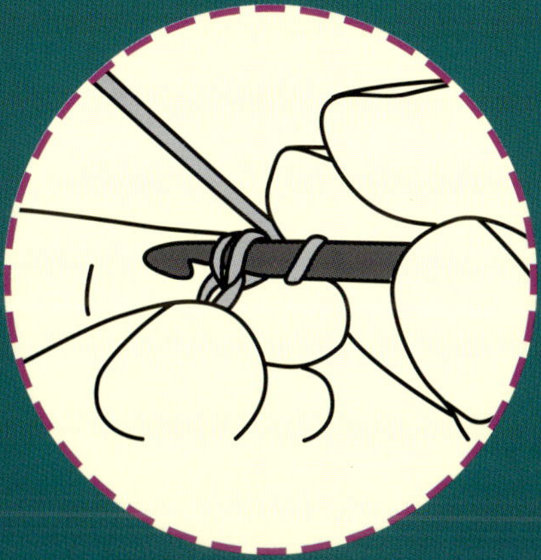

Feste Masche

1 Die nächsthöhere Häkelmasche ist die feste Masche. Sie häkeln zunächst die entsprechende Anzahl Luftmaschen, die Sie für Ihre Häkelarbeit brauchen plus 1 Luftmasche zusätzlich als Wendemasche. Nun stechen Sie für die 1. feste Masche in die 2. Luftmasche ab Nadel ein, dabei sollten Sie darauf achten, dass über der Häkelnadel 2 Schlingen liegen und unter der Nadel 1 Schlinge liegt.

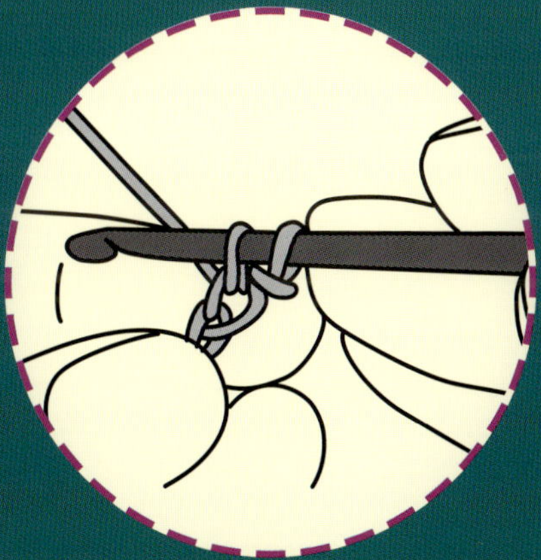

2 Nun holen Sie mit dem Haken den vom Knäuel kommenden Faden durch . So liegen 2 Schlingen auf der Nadel.

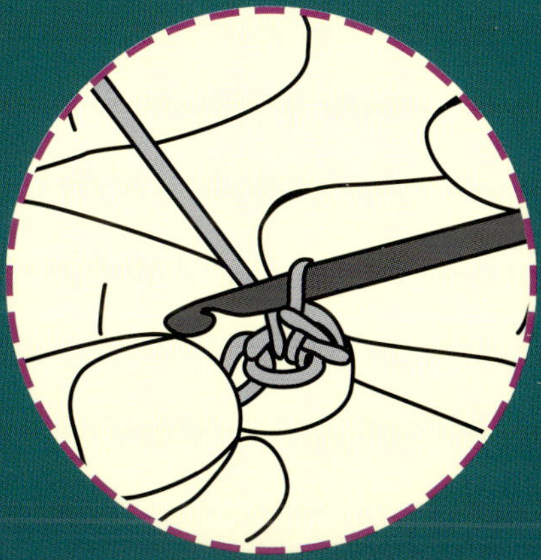

3 Anschließend erfassen Sie den vom Knäuel kommenden Faden erneut, d. h. Sie nehmen nochmals einen Umschlag auf und ziehen ihn in einem Zug durch beide auf der Nadel liegenden Schlingen. Somit ist die 1. feste Masche fertig.

Für jede weitere feste Masche wiederholen Sie den gesamten Vorgang, dafür stechen Sie wie beschrieben in die folgende Luftmasche ein, holen den Faden durch und maschen mit einem neuen Umschlag beide auf der Nadel liegenden Schlingen zusammen ab.

Jetzt können Sie z. B. dieses Modell stricken

Wendemaschen stricken

Um einem Strickstück eine besondere Form zu geben, können Sie mit verkürzten Reihen arbeiten. Dabei wird die Arbeit mitten in der Reihe gewendet, die restlichen Maschen sind stillgelegt. Damit beim Wenden kein Loch entsteht, muss die letzte Masche vor dem Wenden als Doppelmasche gearbeitet werden.

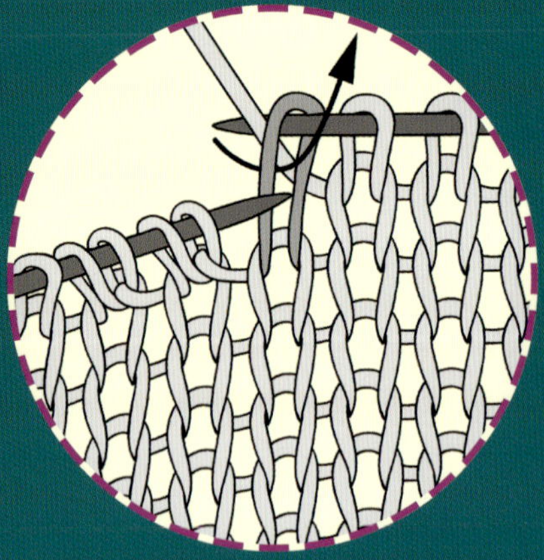

1 Stricken Sie die letzte Masche vor dem Wenden ganz normal und wenden Sie die Arbeit.

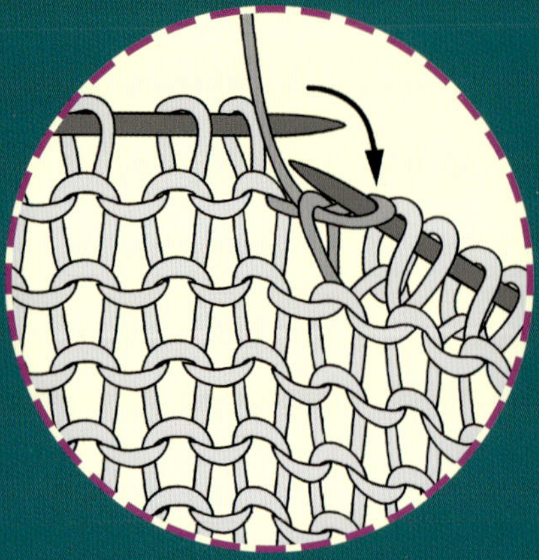

2 Legen Sie den Arbeitsfaden vor die Arbeit und heben Sie die Masche wie zum Linksstricken ab.

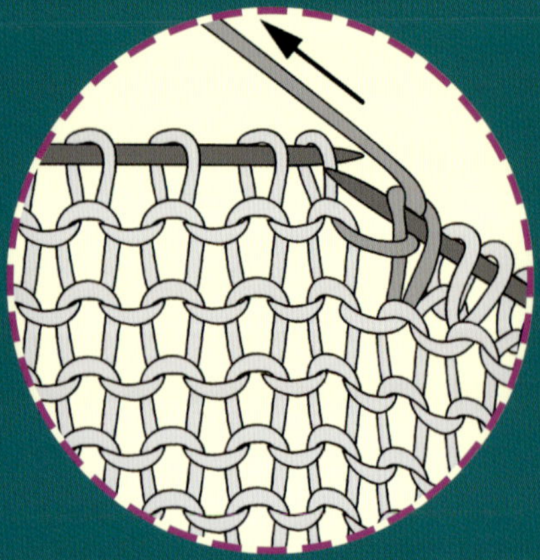

3 Ziehen Sie den Arbeitsfaden ganz fest nach hinten an. Dabei ziehen sich zwei Schlingen über die Nadel und die Doppelmasche entsteht. Achten Sie beim Abstricken der Masche in der kommenden Reihe darauf, beide Schlingen zu erfassen!

Jetzt können Sie z. B. dieses Modell stricken

Maschen auffassen

Um einen Bund an einem gehäkelten oder gestrickten Stück anzustricken, müssen die Maschen zuvor auf eine Nadel aufgefasst werden.

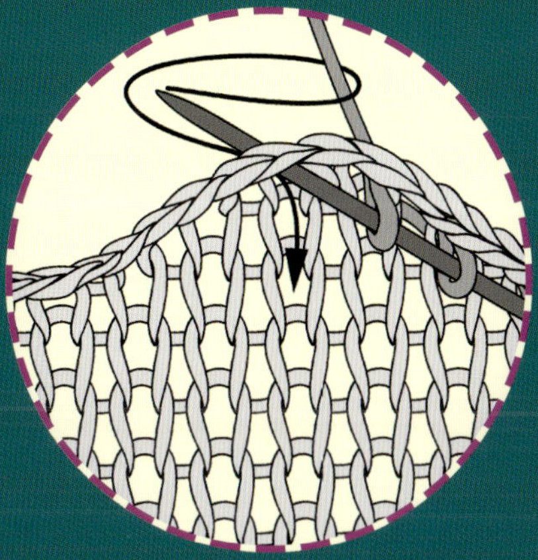

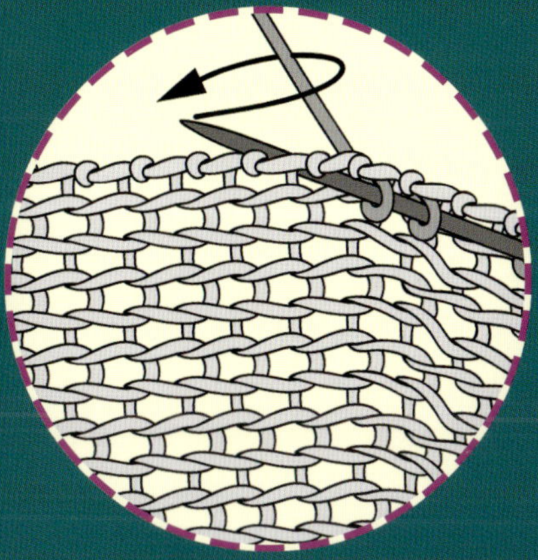

MASCHEN AUS EINEM WAAGRECHTEN RAND AUFFASSEN

Stechen Sie zum Auffassen von Maschen aus einem waagrechten Rand mittig in jede Masche und holen Sie den Faden durch.

MASCHEN AUS EINEM SENKRECHTEN RAND AUFFASSEN

Wenn Sie neue Maschen aus einem senkrechten Rand auffassen, kann nicht einfach aus jeder Reihe eine Masche herausgestrickt werden. Normalerweise nehmen Sie 3 Maschen aus 4 Reihen auf. Stechen Sie zwischen die Randmasche und die erste Masche ein und holen Sie den Faden durch.

Jetzt können Sie z. B. dieses Modell stricken

Maschen verzopfen

Zopfmuster gehören zu den beliebtesten Strickmustern überhaupt.

LINKSGEDREHT VERZOPFEN

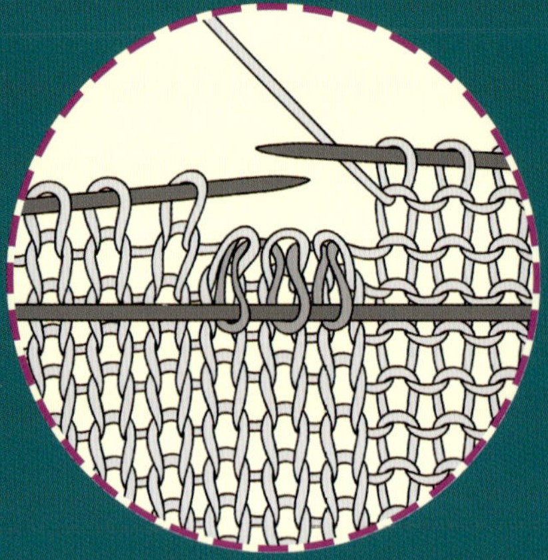

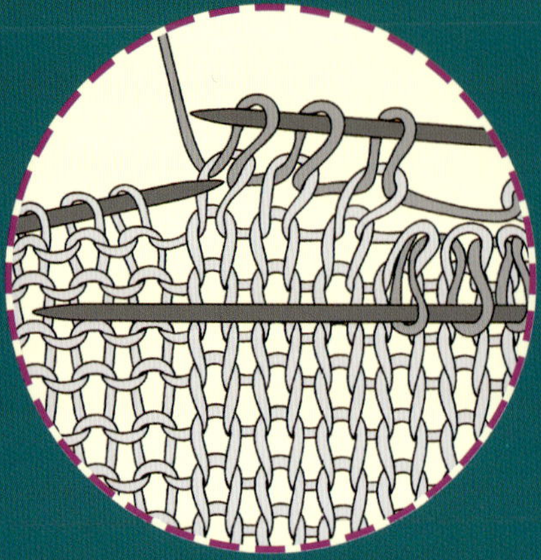

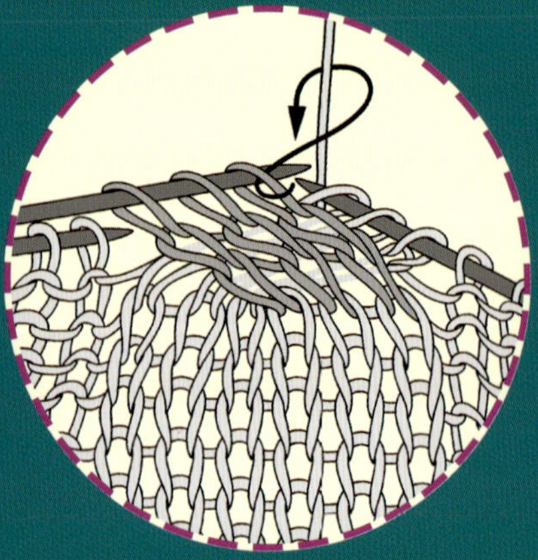

1 Heben Sie die im Muster angegebenen Zopfmaschen auf eine Hilfsnadel ohne sie vorher gestrickt zu haben und legen Sie sie auf die Vorderseite der Arbeit.

2 Stricken Sie die folgende Maschengruppe wie im Muster angegeben.

3 Stricken Sie dann die Maschen der Hilfsnadel ab. Dabei können Sie die Maschen direkt von der Hilfsnadel aus stricken oder die Maschen erst zurück auf die linke Arbeitsnadel heben.

RECHTSGEDREHT VERZOPFEN

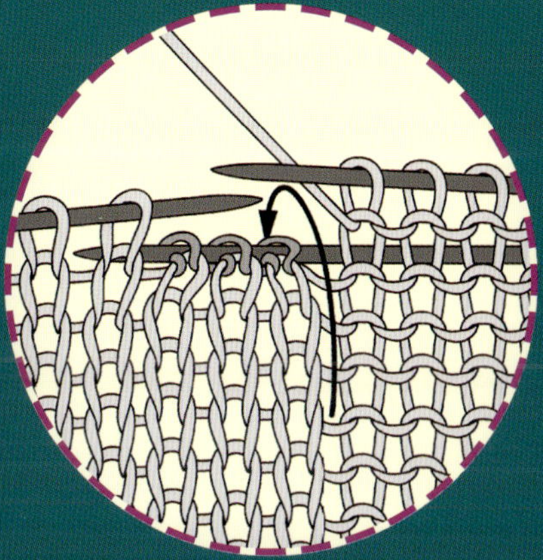

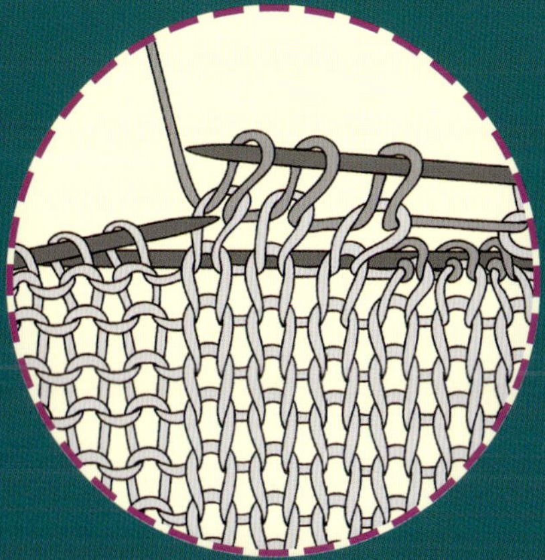

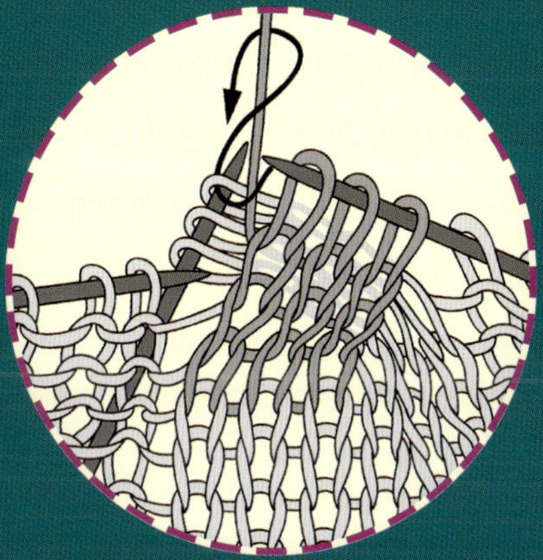

4 Heben Sie die im Muster angegebenen Zopfmaschen auf eine Hilfsnadel ohne sie vorher gestrickt zu haben und legen Sie sie auf die Rückseite der Arbeit.

5 Stricken Sie die folgende Maschengruppe wie im Muster angegeben.

6 Stricken Sie dann die Maschen der Hilfsnadel ab. Dabei können Sie die Maschen direkt von der Hilfsnadel aus stricken oder die Maschen erst zurück auf die linke Arbeitsnadel heben.

Jetzt können Sie z. B. dieses Modell stricken

Kleiner Spickzettel für die Strickanleitung

In der deutschen Stricksprache haben sich mit der Zeit Begriffe etabliert, die als allgemein bekannt vorausgesetzt werden, aber fast nirgendwo erklärt werden.

... / [...]

In Sternchen oder Klammern gesetzte Angaben sollen fortlaufend, oder so oft wie angegeben, wiederholt werden. Häufig steht auch nur ein Sternchen am Anfang der zu wiederholenden Schritte mit dem Hinweis, „ab * wiederholen", so oft wie angegeben.

VORDERSEITE

So bezeichnet man die „schöne" Seite, auf der das Muster erscheinen und die nach außen sichtbar getragen werden soll. Die Reihen, die gestrickt werden, während man die Vorderseite eines Strickstücks vor Augen hat, werden Hinreihen genannt.

RÜCKSEITE

Die Rückseite eines Strickstücks wird zum Körper hin getragen. Reihen, die gestrickt werden, während man die Rückseite betrachtet, heißen Rückreihen.

VOR DER ARBEIT/ HINTER DER ARBEIT

Etwas, das sich vor der Arbeit befindet, bewegt sich immer unabhängig von Vorder- oder Rückseite zwischen Strickerin und Maschen. Hinter der Arbeit ist immer jenseits der Nadeln, also aus der Sicht des Strickenden hinter den Nadeln.

RECHTES/LINKES STRICKTEIL

Diese Angabe bezieht sich auf die Sicht desjenigen, der das Strickstück einmal tragen soll. Ein rechter Ärmel bedeckt den rechten Arm des Trägers, ein linkes Vorderteil bedeckt die Herzseite.

RECHTER/LINKER STRICKRAND

Dies bezieht sich auf die Sicht des Strickenden, während er die Vorderseite eines Strickstücks betrachtet. Am rechten Strickrand befindet sich der Reihenbeginn einer Hinreihe.

GERADE HOCHSTRICKEN

Über alle Maschen ohne Zu- oder Abnahmen bis zur angegebenen Höhe im Strickmuster arbeiten. Die Seitenränder laufen also gerade nach oben, auch rundgestrickte Schläuche werden nicht weiter oder enger.

IN JEDER 4. REIHE

Immer wieder werden 3 Reihen nach Muster gestrickt, in der folgenden, der 4. Reihe, ist eine Besonderheit zu beachten. Wieder 3 Reihen nach Muster stricken und 1 Reihe mit besonders beschriebener Anleitung arbeiten. Dieses so oft wie angegeben wiederholen.

GLEICHZEITIG

Sollen an beiden Seiten eines Strickteils unterschiedliche Schrägen, Rundungen oder Ausschnitte gearbeitet werden, wird in der Regel zunächst die vollständige Anleitung für eine Seite beschrieben. Dann wird die Anleitung für die andere Seite angegeben, die aber natürlich gleichzeitig und nicht erst nach der gesamten Ausführung der ersten Seite gearbeitet werden muss. Dieses Wort am besten beim ersten Durchlesen einer Anleitung mit einem Textmarker markieren, um nicht böse überrascht zu werden.

BEIDSEITS

An beiden Seiten eines Strickstücks wird nach gleicher Anleitung gearbeitet, wie etwa die Zunahmen für einen Ärmel, damit das Strickstück symmetrisch wird.

GEGENGLEICH

Um ein gegengleiches Stück zu stricken, alle Zu- oder Abnahmen spiegelverkehrt arbeiten. Ein linkes Vorderteil wird z. B. gegengleich zum rechten gestrickt.

GLEICHMÄSSIG VERTEILT ZU- ODER ABNEHMEN

Dies wird immer dann nötig, wenn zu einem Strickmuster mit anderer Maschenprobe gewechselt werden soll.
Beispiel: Bei einer Maschenzahl von 24 Maschen sollen gleichmäßig verteilt 5 Maschen zugenommen werden. Diese 5 Zunahmen teilen die Gesamtzahl in 6 Abschnitte. 24 : (5+1) = 4 Maschen. Nach jeder 4. Masche wird eine Zunahme gearbeitet.

MIT DOPPELTEM FADEN

Beide Fäden aus 2 Knäueln gleichzeitig zusammen verstricken.
Wenn für das Strickstück nur ein Knäuel benötigt wird, können der äußere Faden und der Faden aus der Knäuelmitte zusammen verstrickt werden.

MIT EINER RÜCKREIHE ENDEN

Bis zur angegebenen Höhe stricken und darauf achten, dass die letzte Reihe eine Rückreihe ist. Meistens taucht diese Anweisung auf, wenn 2 Strickteile bis zur gleichen Höhe gestrickt, die Maschen der Rückreihe zwischenzeitlich stillgelegt und dann beide Teile zusammengefügt werden.

LINKS AUF LINKS/ RECHTS AUF RECHTS

2 Strickteile mit den beiden Rückseiten (links auf links) oder mit den beiden Vorderseiten (rechts auf rechts) aufeinanderlegen.

MASCHEN AUFFASSEN

Um erneut Maschen aus einer bereits abgeschlossenen Maschenkante aufzufassen, werden rechte oder linke Maschen aus dem Strickstück herausgestrickt.

FULLY FASHIONED

Handgestricktes lässt sich nur mit sorgfältiger Vorbereitung schneiden, ohne vollständig aufzuribbeln. Daher wird jedes Strickteil in der Regel durch Zunahmen, Abnahmen oder verkürzte Reihen in Form gebracht und nicht durch Zuschneiden.

chic &
EASY

MÜTZE UND SNOOD

Das müssen Sie können ...

FÜR DIE MÜTZE

... Maschen anschlagen
... Rechte Maschen
... Linke Maschen
... In Runden stricken
... Maschen zunehmen
... Maschen abnehmen

FÜR DEN SNOOD

... Maschen anschlagen
... In Runden stricken
... Rechte Maschen
... Maschen abketten

RIPPENMUSTER

In Hinreihen 1 Masche rechts, 1 Masche links im Wechsel stricken. In Rückreihen die Maschen stricken wie sie erscheinen.

KRAUS RECHTS

In Hin- und Rückreihen rechte Maschen stricken. In Runden im Wechsel 1 Runde rechte Maschen, 1 Runde linke Maschen stricken.

STREIFENFOLGE

*4 Reihen bzw. Runden Hellgrün meliert/Türkis/Petrol meliert/Zyklam/Violett, 4 Reihen Dunkles Blaugrün/Grau meliert/Violett und 4 Runden Grün meliert/Schwarz/Pflaume stricken = 12 Reihen bzw. Runden, ab * fortlaufend wiederholen.

! Die Farbangaben für die Kombination in Grüntönen stehen vor dem 1. Schrägstrich, für die Petrol/Grautöne zwischen den Schrägstrichen und für die Lilatöne nach dem 2. Schrägstrich. Steht nur eine Angabe, gilt sie für alle Modelle.

Mütze

Zunächst die Ohrenklappen getrennt in Reihen, dann den oberen Mützenteil in Runden stricken. Für eine Ohrenklappe 3 Maschen in Hellgrün meliert/Türkis/Petrol meliert/Zyklam/Violett anschlagen. Kraus rechts in Reihen stricken, auch die Randmaschen. Beidseitig für die Rundungen in der 2. Reihe ab Anschlag nach der 1. und vor der letzten Masche je 1 Masche rechts verschränkt aus dem Querfaden zunehmen. Diese Zunahmen in der folgenden 2. Reihe noch 1x wiederholen = 7 Maschen. Dann gerade weiterstricken. Nach 12 cm (= 22 Reihen) ab Anschlag die Maschen stilllegen. Die 2. Ohrenklappe genauso stricken.
Nun für den rückwärtigen Mützenteil 11 Maschen neu in Hellgrün meliert/Türkis/Petrol

☆☆☆

GRÖSSE

Mütze Kopfumfang 56-58 cm
Snood Umfang ca. 70 cm, 32 cm lang

MATERIAL

Stricknadeln 12 mm

Nadelspiel 12 mm

Rundstricknadel 12 mm, 60 cm lang

MÜTZE

Lana Grossa Lei in Hellgrün meliert (Farbe 04) und Dunkles Blaugrün (Farbe 05), je 50 g

Lana Grossa Lei Color in Grün meliert (Farbe 103), 50 g

SNOOD

Lana Grossa Lei in Hellgrün meliert (Farbe 04) und Dunkles Blaugrün (Farbe 05), je 100 g

Lana Grossa Lei Color in Grün meliert (Farbe 103), 100 g

MASCHENPROBE

Kraus rechts mit Nadeln 12 mm
8,5 Maschen und 18 Reihen = 10 cm x 10 cm

MATERIAL
Stricknadeln 12 mm

Nadelspiel 12 mm

Rundstricknadel 12 mm, 60 cm lang

MÜTZE
IN PETROL/GRAUTÖNEN
Lana Grossa Lei in Grau meliert (Farbe 12) und Schwarz (Farbe 07), je 50 g

Lana Grossa Lei Color in Türkis/Petrol meliert (Farbe 102), 50 g

IN LILATÖNEN
Lana Grossa Lei in Violett (Farbe 08) und Pflaume (Farbe 16), je 50 g

Lana Grossa Lei Color in Zyklam/Violett (Farbe 101), 50 g

SNOOD
IN PETROL/GRAUTÖNEN
Lana Grossa Lei in Grau meliert (Farbe 12) und Schwarz (Farbe 07), je 100 g

Lana Grossa Lei Color in Türkis/Petrol meliert (Farbe 102), 100 g

IN LILATÖNEN
Lana Grossa Lei in Violett (Farbe 08) und Pflaume (Farbe 16), je 100 g

Lana Grossa Lei Color in Zyklam/Violett (Farbe 101), 100 g

MASCHENPROBE
Kraus rechts mit Nadeln 12 mm
8,5 Maschen und 18 Reihen = 10 cm x 10 cm

meliert/Zyklam/Violett dazu anschlagen.
Diese Maschen zwischen beiden Ohrenklappen einfügen = 25 Maschen. Dann beidseitig über die Ohrenklappen kraus rechts weiterarbeiten und über die rückwärtigen 11 Maschen für die Blende im Rippenmuster stricken, dabei mit 1 Masche links beginnen und enden.
Nach weiteren 2 cm (= 4 Reihen) für den vorderen Mützenteil 15 Maschen neu in Hellgrün meliert/Türkis/Petrol meliert/Zyklam/Violett dazu anschlagen. Diese Maschen an der Gegenseite zwischen beide Ohrenklappen einfügen = 40 Maschen. Über diese neu hinzugefügten Maschen für die vordere Blende ebenfalls im Rippenmuster wie bei der rückwärtigen Blende stricken, alle übrigen Maschen kraus rechts fortsetzen. Nun in Runden in der Streifenfolge weiterarbeiten und die Maschen gleichmäßig auf 4 Nadeln des Nadelspiels verteilen. Nach weiteren 2 cm (= 4 Runden) – alle Maschen sind links gestrickt – den bisher seitlichen Rundenübergang in die rückwärtige Mitte verlegen, dazu vor dem 1. Farbwechsel die Maschen bis zur rückwärtigen Mitte ungestrickt auf die entsprechende Nadel heben. Dann folgerichtig im Muster weiterarbeiten.
Beim Farbwechsel die Fäden auf der Innenseite der Mütze mitführen und miteinander verdrehen. Nach 9 cm (= in der 17. Runde) ab Beginn der Streifenfolge für die Mützenspitze jede 4. und 5. Masche rechts zusammenstricken = 32 Maschen. In der 21. Runde jede 3. und 4. Masche rechts zusammenstricken = 24 Maschen. In der 25. Runde jede 2. und 3. Masche rechts zusammenstricken = 16 Maschen. In der 29. Runde die Farbe nicht mehr wechseln und je 2 Maschen rechts zusammenstricken = 8 Maschen.

! In den nicht erwähnten Runden jeweils über die noch vorhandene Maschenzahl weiterstricken. Außerdem darauf achten, dass die Abnahmestellen stets übereinander liegen.

Den Faden abschneiden, durch die restlichen 8 Maschen fädeln und zusammenziehen. Das Fadenende sorgfältig vernähen.

FERTIGSTELLEN
Nun aus 2 Fäden in Grün meliert/Türkis/Petrol meliert/Zyklam/Violett je eine 18 cm lange Kordel drehen und je 1 Kordel an die Spitze der Ohrenklappen nähen. 2 Quasten in den gleichen Farben der Kordeln herstellen. Für 1 Quaste den vom Knäuel kommenden Faden ca. 16x um 3 Finger der linken Hand wickeln. Dann den Faden abschneiden. Die Schlingen vorsichtig von der Hand abnehmen und an einem Ende fest abbinden. Dann die Schlingen mit einem neuen Faden am gleichen Ende mit 2 cm Abstand zum Rand fest umwickeln und die Fadenenden verknoten. Die Schlingen auf der anderen Seite aufschneiden. Die Quasten an die Kordeln nähen. Fertige Quastenlänge ca. 5 cm.

Snood

60 Maschen in Hellgrün meliert/Türkis/Petrol meliert/Zyklam/Violett anschlagen und zur Runde schließen. Dann kraus rechts in Runden in der Streifenfolge stricken. Beim Farbwechsel die Fäden auf der Innenseite des Snood mitführen und miteinander verdrehen. Nach 32 cm (= 56 Runden) ab Anschlag die Maschen locker abketten.

ZIPFELMÜTZE UND STREIFENSCHAL

Das müssen Sie können ...

FÜR DIE MÜTZE

... Maschen anschlagen
... Rechte Maschen stricken
... Linke Maschen stricken
... Maschen abnehmen
... Naht im Matratzenstich
... Pompon

Zipfelmütze

RIPPENMUSTER

In den Hinreihen 2 Maschen rechts, 2 Maschen links im Wechsel stricken. In den Rückreihen die Maschen stricken wie sie erscheinen.

GRUNDMUSTER

1. Reihe (= Hinreihe): Linke Maschen stricken.
2.+4. Reihe (= Rückreihe): Linke Maschen stricken.
3. Reihe: Rechte Maschen stricken.
Die 1.-4. Reihe fortlaufend wiederholen.

FARBFOLGE

*4 Reihen Grau meliert/Hellgrün meliert, 4 Reihen Natur/Grün meliert, 4 Reihen Dunkelbraun/Burgund und 4 Reihen Schwarz/Türkis = 16 Reihen, ab * fortlaufend wiederholen.

! Die Farbangaben für die Mütze in Naturtönen stehen vor, für die Mütze in Grüntönen nach dem Schrägstrich. Steht nur eine Angabe, gilt diese für beide Mützen.

ANLEITUNG

Die Mütze als flaches Teil in Reihen stricken und hinterher in der rückwärtigen Mitte mit einer Naht schließen. Dafür 42 Maschen in Schwarz/Türkis anschlagen. Für das Bündchen 7 cm = 8 Reihen im Rippenmuster und 1 Rückreihe linke Maschen stricken. Die Rippen ebenfalls mit 1 Rückreihe beginnen, dabei die Maschen wie folgt einteilen: Randmasche, 1 Masche links, 2 Maschen rechts, 2 Maschen links im Wechsel stricken, dann mit 2 Maschen rechts, 1 Masche links und Randmasche enden. Danach im Grundmuster in der Farbfolge ohne Randmaschen weiterarbeiten.
Für die Form und Mützenspitze in der 15. Reihe ab Bund – entspricht der 3. Grundmusterreihe – jede 6. und 7. Masche rechts zusammenstricken – es werden 6 Maschen abgenommen = 36 Maschen. Diese Abnahmen in jeder 4. Reihe (= jeweils 3. Grundmusterreihe) wie folgt wiederholen: In der 19. Reihe jede 5. und 6. Masche rechts zusammenstricken = 30

☆☆☆

GRÖSSE

Mütze Kopfumfang 56-58 cm

MATERIAL

Stricknadeln 12 mm

Stopfnadel

ZIPFELMÜTZE IN NATURTÖNEN

Lana Grossa Lei in Schwarz (Farbe 07), Grau meliert (Farbe 12), Natur (Farbe 14) und Dunkelbraun (Farbe 21), je 50 g

ZIPFELMÜTZE IN GRÜNTÖNEN

Lana Grossa Lei in Türkis (Farbe 18), Hellgrün meliert (Farbe 04), Grün meliert (Farbe 19) und Burgund (Farbe 10), je 50 g

MASCHENPROBE

Im Grundmuster mit Nadeln 12 mm
9 Maschen und 15 Reihen = 10 cm x 10 cm

Das müssen Sie können ...

FÜR DEN SCHAL

... Maschen anschlagen

... Rechte Maschen stricken

... Linke Maschen stricken

... Maschen abketten

★☆☆

GRÖSSE
Schal ca. 170 cm x 15 cm

MATERIAL
Stricknadeln 10 mm

SCHAL IN BLAU-GRÜNTÖNEN
Lana Grossa Lei in Blau (Farbe 17), ca. 200 g und in Dunkles Blaugrün (Farbe 05), Hellgrün meliert (Farbe 04), Natur (Farbe 14) und Türkis (Farbe 18), je 50 g

SCHAL IN SCHWARZ/NATURTÖNEN
Lana Grossa Lei in Schwarz (Farbe 07), ca. 200 g und in Taupe (Farbe 13), Grau meliert (Farbe 12), Natur (Farbe 14) und Dunkelbraun (Farbe 21), je 50 g

MASCHENPROBE
Glatt rechts mit Nadeln 10 mm
9 Maschen und 14 Reihen = 10 cm x 10 cm

Maschen. In der 23. Reihe jede 4. und 5. Masche rechts zusammenstricken = 24 Maschen. In der 27. Reihe jede 3. und 4. Masche rechts zusammenstricken = 18 Maschen. In der 31. Reihe jede 2. und 3. Masche rechts zusammenstricken = 12 Maschen. In der 35. Reihe je 2 Maschen rechts zusammenstricken = 6 Maschen. In der 36. Reihe noch 6 Maschen links stricken. Dann den Faden abschneiden, durch die restlichen 6 Maschen fädeln und zusammenziehen. Das Fadenende sorgfältig vernähen. Die Naht mit der Stopfnadel im Matratzenstich schließen. Einen Pompon in Dunkelbraun/Türkis mit ca. 7 cm Durchmesser anfertigen und an die Mützenspitze nähen.

Streifenschal

KRAUS RECHTS

In Hin- und Rückreihen rechte Maschen stricken, auch über die Randmaschen.

GLATT RECHTS

In Hinreihen rechte Maschen, in Rückreihen linke Maschen stricken.

FARBFLÄCHEN

Für jede Farbfläche ein gesondertes Knäuel verwenden. Beim Farbwechsel innerhalb der Reihe stets die Fäden auf der Rückseite der Arbeit miteinander verkreuzen, damit keine Löcher entstehen.

! Die Farbangaben für den Schal in Blau-Grüntönen stehen vor, für den Schal in Schwarz/Naturtönen nach dem Schrägstrich. Steht nur eine Angabe, gilt sie für beide Schals.

ANLEITUNG

14 Maschen in Blau/Schwarz anschlagen. Für die Blende 3 cm (= 5 Reihen) kraus rechts stricken, dabei mit 1 Rückreihe beginnen. Dann in folgender Einteilung weiterarbeiten: Für die Randblenden an Reihenanfang und Reihenende über je 2 Maschen kraus rechts, über die mittleren 10 Maschen glatt rechts stricken. Für die Streifen nach der 5. Reihe ab Ende der Anfangsblende über die mittleren 10 Maschen 5 Reihen in Dunkles Blaugrün/Taupe, 10 Reihen in Hellgrün meliert/Grau meliert, 4 Reihen in Natur und 9 Reihen in Türkis/Dunkelbraun stricken. Die Kraus-rechts-Maschen beidseitig wie bisher fortsetzen. Die Streifen in Farbflächentechnik einstricken, dabei mit 3 Knäueln arbeiten. Danach wieder über alle Maschen in der Mustereinteilung wie bisher einfarbig in Blau/Schwarz weiterarbeiten. Nach 116 cm ab Streifenende die Streifen gegengleich zum Anfang in Farbflächentechnik einstricken Nach dem letzten blaugrünen/taupefarbenen Streifen das Teil über alle Maschen mit 5 Reihen in Blau/Schwarz in der bisherigen Mustereinteilung fortsetzen. Dann für die Blende noch 3 cm = 5 Reihen kraus rechts stricken. Danach alle Maschen abketten.

Schal und Mütze können Sie auch in Ihren persönlichen Lieblingsfarben stricken. Probieren Sie es aus!

Das müssen Sie können ...

FÜR DIE MÜTZE

- ... Maschen anschlagen
- ... Rechte Maschen stricken
- ... Linke Maschen stricken
- ... In Runden stricken
- ... Maschen abnehmen
- ... Umschlag
- ... Maschen abketten
- ... Naht im Matratzenstich

MÜTZE UND SCHALJACKE

★☆☆

GRÖSSE
Mütze Kopfumfang 56-58 cm

MATERIAL
Lana Grossa Lei Print in Grau/Petrol/Türkis/Hellgrün (Farbe 302), ca. 100 g

Rundstricknadeln 9 mm und 10 mm, je 60 cm lang

MASCHENPROBE
Im Fallmaschenmuster mit Nadeln 10 mm 7 Maschen und 12 Runden = 10 cm x 10 cm

Mütze

RIPPENMUSTER

Mit der Nadel 9 mm in Runden 2 Maschen rechts, 2 Maschen links im Wechsel stricken. Die Maschen ab der 2. Runde jeweils stricken wie sie erscheinen.

FALLMASCHENMUSTER IN RUNDEN

1. Runde: *1 Masche rechts stricken, 1 Umschlag auf die Nadel nehmen, ab * fortlaufend wiederholen. Für 1 Umschlag den Faden wie zum Linksstricken über die Nadel legen.
2. Runde: *1 Masche links stricken, den Umschlag der Vorrunde fallen lassen und die Masche lang ziehen, ab * fortlaufend wiederholen.
Die 1. und 2. Runde fortlaufend wiederholen.

ANLEITUNG

44 Maschen mit der Rundstricknadel 9 mm anschlagen und zur Runde schließen. Den Rundenbeginn mit einem andersfarbigen Faden markieren. Für das Bündchen 8 cm (= 12 Runden) im Rippenmuster stricken. Dann mit der Rundstricknadel 10 mm zunächst 1 Runde linke Maschen stricken, dabei jede 3. und 4. Masche links zusammenstricken = 33 Maschen.
Anschließend im Fallmaschenmuster weiterarbeiten. Nach 20 cm (= 24 Runden) ab Bund alle Maschen fest abketten. Nun die Mütze flach auflegen, so dass der Rundenbeginn in der rückwärtigen Mitte liegt. Dann die obere Naht quer im Matratzenstich schließen, dazu je 1 Masche der vorderen mit 1 Masche der hinteren Hälfte zusammennähen, bis alle Maschen miteinander verbunden sind. Das Fadenende sorgfältig vernähen.

Gerade für Anfänger sind Color-Garne ideal! Kleinere Unregelmäßigkeiten fallen bei dem bunten Farbenmix kaum auf.

Schaljacke

FALLMASCHENMUSTER

Ohne Randmaschen stricken.

1. Reihe (= Hinreihe): Rechte Maschen stricken.

2. Reihe (= Rückreihe): *1 Masche rechts stricken, 1 Umschlag auf die Nadel nehmen, ab * fortlaufend wiederholen, enden mit 1 Masche rechts. Für 1 Umschlag den Faden wie zum Linksstricken über die Nadel legen.

3. Reihe: *1 Masche rechts stricken, den Umschlag der Vorreihe fallen lassen und die Masche lang ziehen, ab * fortlaufend wiederholen, enden mit 1 Masche rechts.

In der Höhe 1x die 1.-3. Reihe stricken, dann die 2. und 3. Reihe fortlaufend wiederholen.

PICOTRAND

Mit der Häkelnadel mit 1 Kettmasche am Gestrick anschlingen. Dann im Wechsel 1 feste Masche in den Strickrand und 1 Picot (= 3 Luftmaschen und 1 feste Masche zurück in die 1. Luftmasche) häkeln.

! Die Angaben für die kleinere Größe stehen vor, für die größere Größe nach dem Schrägstrich. Steht nur eine Angabe, gilt diese für beide Größen.

ANLEITUNG

Die Jacke zunächst als Schal stricken und hinterher entsprechend zur Jacke zusammennähen. 21/23 Maschen mit den Nadeln 12 mm anschlagen und im Fallmaschenmuster stricken. Nach 160/164 cm (= 153/155 Reihen) ab Anschlag alle Maschen abketten.

FERTIGSTELLEN

Das Teil spannen, anfeuchten und trocknen lassen. Nun den Schal der Länge nach zur Hälfte legen. Dann beidseitig die Ärmelnähte über je 51 cm zeichengemäß laut Schnittschema schließen. Mit der Häkelnadel alle offenen Ränder mit einem Picotrand überhäkeln, dabei 1 feste Masche und 1 Picot jeweils über 2 Strickreihen häkeln. Die Skizze zeigt, an welchen Rändern die Picots liegen und wie die Jacke getragen wird.

Wer keine Jacke haben möchte, strickt sich einfach nur einen schönen Schal.

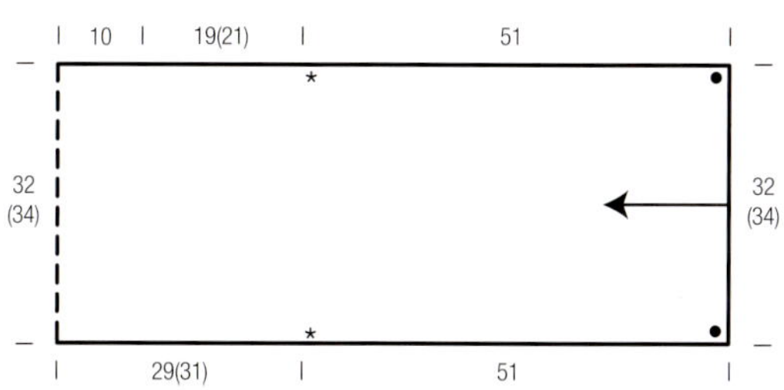

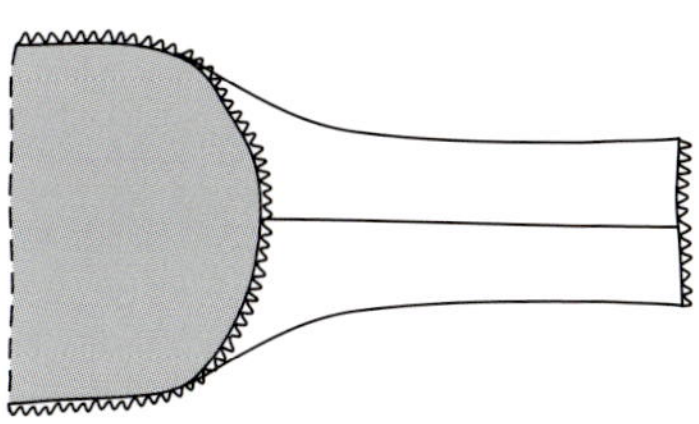

Das müssen Sie können ...

FÜR DIE JACKE

... Maschen anschlagen
... Rechte Maschen stricken
... Umschlag
... Maschen abketten
... Naht im Matratzenstich
... Kettmasche häkeln
... Luftmaschen häkeln
... Feste Maschen häkeln

☆☆☆

GRÖSSE

Jacke 36/38 und 40/42

MATERIAL

Lana Grossa Lei in Hellgrün meliert (Farbe 04), 300/350 g

Stricknadeln 12 mm

Häkelnadel 7 mm

MASCHENPROBE

Im Fallmaschenmuster mit Nadeln 12 mm 6 Maschen und 9,5 Reihen = 10 cm x 10 cm

STREIFENMÜTZE

RIPPENMUSTER

In Hinreihen 1 Masche rechts, 1 Masche links im Wechsel stricken. In Rückreihen die Maschen stricken wie sie erscheinen.

GLATT RECHTS

In Runden nur rechte Maschen stricken.

STREIFENFOLGE

3 Runden in Pink/Taupe, 6 Runden in Burgund/Grau meliert, 2 Runden in Natur = 11 Runden.

! Die Farbangaben für die Mütze in Rottönen stehen vor dem Schrägstrich und für die Mütze in Schwarz/Naturtönen nach dem Schrägstrich. Steht nur eine Angabe, gilt sie für beide Mützen.

ANLEITUNG

Die Mütze in Runden stricken. Dafür 40 Maschen mit der Rundstricknadel 10 mm in Orangerot/Schwarz anschlagen und zur Runde schließen. Für die Blende 3 cm (= 4 Runden) im Rippenmuster stricken. Dann mit der Rundstricknadel 12 mm glatt rechts in Runden weiterarbeiten. Für die Form in der 1. Runde nach jeder 2. Masche 1 Masche rechts verschränkt aus dem Querfaden herausstricken, dafür jeweils den Querfaden zwischen 2 Maschen erfassen, auf die linke Nadelspitze nehmen und rechts verschränkt abstricken = 60 Maschen. Nach 4 Runden glatt rechts ab Blende 11 Runden in der Streifenfolge stricken.
Nach dem naturfarbenen Streifen das Teil in Zyklam/Dunkelbraun fortsetzen und beenden. Nach 15,5 cm (= in der 21. Runde) ab Blende für die Mützenspitze jede 5. und 6. Masche rechts zusammenstricken = 50 Maschen. In der 23. Runde jede 4. und 5. Masche rechts zusammenstricken = 40 Maschen. In der 25. Runde jede 3. und 4. Masche rechts zusammenstricken = 30 Maschen. In der 27. Runde jede 2. und 3. Masche rechts zusammenstricken = 20 Maschen. In der 29. Runde je 2 Maschen rechts zusammenstricken = 10 Maschen.

! Bei abnehmender Maschenzahl mit dem Nadelspiel weiterarbeiten, dabei die Maschen gleichmäßig auf 4 Nadeln verteilen. In den nicht erwähnten Runden jeweils über die noch vorhandene Maschenzahl weiterstricken, dabei darauf achten, dass die Abnahmestellen stets übereinander liegen.

Den Faden abschneiden, durch die restlichen 10 Maschen fädeln und zusammenziehen. Das Fadenende sorgfältig vernähen.

Das müssen Sie können ...

FÜR DIE STREIFENMÜTZE

- ... Maschen anschlagen
- ... Rechte Maschen stricken
- ... Linke Maschen stricken
- ... In Runden stricken
- ... Maschen zunehmen
- ... Maschen abnehmen

★☆☆

GRÖSSE
Kopfumfang 56-58 cm

MATERIAL
Rundstricknadel 10 mm, 40 cm lang
Rundstricknadel 12 mm, 60 cm lang
Nadelspiel 12 mm

MÜTZE IN ROTTÖNEN
Orangerot (Farbe 02), Pink (Farbe 15), Burgund (Farbe 10), Natur (Farbe 14) und Zyklam (Farbe 6), je 50 g

MÜTZE IN SCHWARZ/NATURTÖNEN
Schwarz (Farbe 07), Taupe (Farbe 13), Grau meliert (Farbe 12), Natur (Farbe 14) und Dunkelbraun (Farbe 21), je 50 g

MASCHENPROBE
Glatt rechts mit Nadeln 12 mm
9 Maschen und 13 Runden
= 10 cm x 10 cm

CAPE, MÜTZE UND SCHAL

Cape

KRAUS RECHTS

Ohne Randmaschen in Hin- und Rückreihen rechte Maschen stricken.

VERKÜRZTE REIHEN MIT WENDEMASCHEN

Für eine verkürzte Reihe eine Hinreihe nicht zu Ende stricken und die Arbeit wenden. In der folgenden Rückreihe die 1. Masche wie zum Linksstricken abheben, dabei den Faden vor die Arbeit nehmen und straff nach hinten ziehen. So legen sich automatisch bei der 1. Masche 2 Schlingen auf die Nadel (= Wendemasche). Um Löcher zu vermeiden die folgende Masche fest rechts stricken. In der nächsten Reihe (= Hinreihe) die Wendemasche aus 2 Schlingen einfach als 1 Masche rechts zusammenstricken.

ANLEITUNG

Das Cape zunächst in 2 Teilen quer stricken und dann entsprechend über den Schultern zusammennähen. Der Pfeil im Schnittschema gibt die Strickrichtung an!

RÜCKENTEIL

24 Maschen mit den Nadeln 12 mm anschlagen. Kraus rechts mit verkürzten Reihen wie folgt stricken:
1. Reihe (= Hinreihe): Nur 12 Maschen stricken, die restlichen 12 Maschen auf der Nadel ungestrickt lassen, wenden.
2. Reihe (= Rückreihe): 1 Wendemasche arbeiten und die folgenden 11 Maschen rechts stricken.
3. Reihe: Jetzt 18 Maschen – einschließlich der Wendemasche der Vorreihe – rechts stricken und 6 Maschen ungestrickt auf der Nadel lassen, wenden.
4. Reihe: 1 Wendemasche arbeiten und die folgenden 17 Maschen rechts stricken.
5. Reihe: Nun alle 24 Maschen – einschließlich der Wendemasche der Vorreihe – rechts stricken.
In der 6. Reihe wieder alle 24 Maschen rechts stricken. Dann die 1.-6. Reihe noch 18x wiederholen = insgesamt 114 Reihen, am äußeren Rand mit den verkürzten Reihen gezählt.
In der 114. Reihe (= letzte Rückreihe) ab Anschlag alle Maschen abketten.

VORDERTEIL

Wie das Rückenteil stricken.

FERTIGSTELLEN

Die Teile spannen, anfeuchten und trocknen lassen. Dann beidseitig die Schulternähte im Matratzenstich schließen.

Machen Sie sich eine Kopie der Strickanleitung. Dann können Sie prima Ihre Notizen eintragen und markieren, wie weit Sie bereits mit der Arbeit vorangekommen sind.

Das müssen Sie können ...

FÜR DAS CAPE

... Maschen anschlagen
... Rechte Maschen stricken
... Wendemasche
... Maschen abketten
... Naht im Matratzenstich

☆☆☆

GRÖSSE
Cape passend für Größe 36-42
Mütze Kopfumfang 56-58 cm
Schal ca. 160 cm x 15 cm ohne Fransen

MATERIAL

CAPE
Lana Grossa Lei Print in Pink/Kupfer/Himbeer/Braun (Farbe 304), ca. 250 g

Stricknadeln 12 mm

MÜTZE
Lana Grossa Lei Print in Pink/Kupfer/Himbeer/Braun (Farbe 304), ca. 100 g

Stricknadeln 10 mm und 12 mm

SCHAL
Lana Grossa Lei Print in Pink/Kupfer/Himbeer/Braun (Farbe 304), ca. 250 g

Stricknadeln 12 mm

Häkelnadel 7 mm

MASCHENPROBE
Kraus rechts mit Nadeln 12 mm
8 Maschen und 16 Reihen = 10 cm x 10 cm

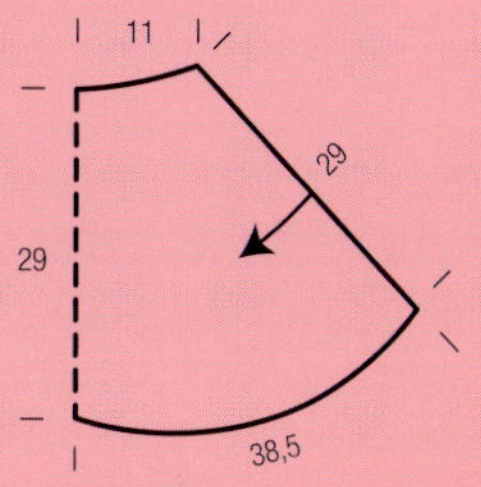

Mütze

RIPPENMUSTER

In den Hinreihen 2 Maschen rechts, 2 Maschen links im Wechsel stricken. In den Rückreihen die Maschen stricken wie sie erscheinen.

KRAUS RECHTS

Ohne Randmaschen in Hin- und Rückreihen rechte Maschen stricken.

VERKÜRZTE REIHEN MIT WENDEMASCHEN

Für eine verkürzte Reihe eine Hinreihe nicht zu Ende stricken und die Arbeit wenden. In der folgenden Rückreihe die 1. Masche wie zum Linksstricken abheben, dabei den Faden vor die Arbeit nehmen und straff nach hinten ziehen. So legen sich automatisch bei der 1. Masche 2 Schlingen auf die Nadel (=Wendemasche). Um Löcher zu vermeiden die folgende Masche fest rechts stricken. In der nächsten Reihe (= Hinreihe) die Wendemasche aus 2 Schlingen einfach als 1 Masche rechts zusammenstricken.

ANLEITUNG

Die Mütze zunächst quer stricken und hinterher in der rückwärtigen Mitte zusammennähen. 18 Maschen mit den Nadeln 12 mm anschlagen. Kraus rechts mit verkürzten Reihen wie folgt stricken:

1. Reihe (= Hinreihe): Nur 12 Maschen stricken, die restlichen 6 Maschen auf der Nadel ungestrickt lassen, wenden.

2. Reihe (= Rückreihe): 1 Wendemasche arbeiten und die folgenden 11 Maschen rechts stricken.

3. Reihe: Jetzt 15 Maschen – einschließlich der Wendemasche der Vorreihe – rechts stricken und 3 Maschen ungestrickt auf der Nadel lassen, wenden.

4. Reihe: 1 Wendemasche arbeiten und die folgenden 14 Maschen rechts stricken.

5. Reihe: Nun alle 18 Maschen – einschließlich der Wendemasche der Vorreihe – rechts stricken.

In der 6. Reihe = Rückreihe wieder alle 18 Maschen rechts stricken. Dann die 1.-6. Reihe noch 13x wiederholen = insgesamt 84 Reihen, am äußeren Rand mit den verkürzten Reihen gezählt. In der 84. Reihe (= letzte Rückreihe) ab Anschlag alle Maschen abketten.

FERTIGSTELLEN

Aus dem längeren Seitenrand (= unterer Mützenrand) 42 Maschen mit den Nadeln 10 mm auffassen. Für das Bündchen im Rippenmuster in Reihen stricken, dabei mit 1 Rückreihe und nach der Randmasche mit 1 Masche links beginnen, am Reihenende vor der Randmasche mit 1 Masche links enden. In 5 cm = 7 Reihen Bündchenhöhe die Maschen abketten wie sie erscheinen, also rechte Maschen rechts und linke Maschen links.

Nun den Anschlag- und Abkettrand einschließlich der Bundschmalseiten im Matratzenstich verbinden = rückwärtige Mittelnaht. Dann durch den Rand des schmalen Mützenendes mit einer Nähnadel einen passenden Faden ziehen und zusammenziehen = Mützenspitze. Die Fadenenden sorgfältig vernähen.

Das müssen Sie können ...

FÜR DIE MÜTZE

- ... Maschen anschlagen
- ... Rechte Maschen stricken
- ... Linke Maschen stricken
- ... Wendemasche
- ... Maschen abketten
- ... Naht im Matratzenstich

FÜR DEN SCHAL

- ... Maschen anschlagen
- ... Rechte Maschen stricken
- ... Maschen abketten
- ... Luftmaschen häkeln
- ... Feste Maschen häkeln

Schal

13 Maschen mit den Nadeln 12 mm anschlagen und kraus rechts ohne Randmaschen stricken. Nach 160 cm ab Anschlag alle Maschen abketten.

Nun über die Schmalseiten mit der Häkelnadel 7 mm Fransen anhäkeln. Hierfür 1 feste Masche in die 1. Strickmasche arbeiten, *26 Luftmaschen und in die folgende 2. Strickmasche 1 feste Masche häkeln, ab * noch 5x wiederholen. Es sind 6 Luftmaschenfransen entstanden. Die fertige Fransenlänge beträgt ca. 11 cm.

PURE *colour*

KIMONOPULLI UND EXTRA KRAGEN

Das müssen Sie können ...

FÜR DEN PULLI

...Maschen anschlagen
...Rechte Maschen stricken
...Linke Maschen stricken
...Maschen zunehmen
...Maschen abnehmen
...Maschen abketten
...Naht im Matratzenstich

FÜR DEN KRAGEN

...Maschen anschlagen
...Rechte Maschen stricken
...Linke Maschen stricken
...In Runden stricken
...Maschen abnehmen
...Maschen zunehmen
...Maschen abketten

RIPPENMUSTER

2 Maschen rechts, 2 Maschen links im Wechsel stricken. In den Rückreihen die Maschen stricken wie sie erscheinen.

GLATT RECHTS

In Hinreihen rechte Maschen, in Rückreihen linke Maschen stricken.

GLATT LINKS

In Hinreihen linke Maschen, in Rückreihen rechte Maschen stricken.

RANDMASCHEN

Die Randmaschen in Hinreihen rechts, in Rückreihen links stricken, dabei die ersten und letzten 3 Maschen einer Reihe immer besonders fest stricken.

BETONTE ABNAHMEN A (Bei glatt rechts)
Am rechten Rand: Randmasche, 2 Maschen rechts, 2 Maschen rechts zusammenstricken. Am linken Rand: 2 Maschen rechts überzogen zusammenstricken (= 1 Masche wie zum Rechtsstricken abheben, die folgende Masche rechts stricken und die abgehobene Masche darüber ziehen), 2 Maschen rechts, Randmasche.

BETONTE ABNAHMEN B (Bei glatt links)
Am rechten Rand: Randmasche, 2 Maschen links, 2 Maschen links zusammenstricken. Am linken Rand 2 Maschen links zusammenstricken, 2 Maschen links, Randmasche.

☆☆☆

GRÖSSE
36/38 und 40/42

MATERIAL
PULLI
Lana Grossa Lei in Gelb (Farbe 20), ca. 500/550 g

Stricknadeln 12 mm

Rundstricknadel 12 mm, 80 cm lang

KRAGEN
Lana Grossa Lei in Gelb (Farbe 20), 150 g

Rundstricknadel 10 mm, 40 cm lang

MASCHENPROBE
Glatt rechts oder glatt links
mit Nadel 12 mm
9 Maschen und 13 Reihen
= 10 cm x 10 cm

Im Rippenmuster
mit Nadeln 10 mm
10 Maschen und 12,5 Runden
= 10 cm x 10 cm

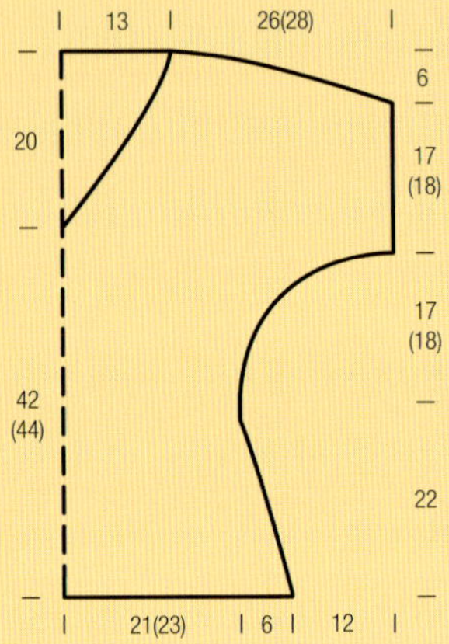

Kimonopulli

! Die Angaben für die kleinere Größe stehen vor, für die größere Größe nach dem Schrägstrich. Steht nur eine Angabe, gilt sie für beide Größen.

VORDERTEIL MIT ÄRMELN

50/54 Maschen mit den Nadeln 12 mm anschlagen. Über die ersten 25/27 Maschen glatt links, über die restlichen 25/27 Maschen glatt rechts stricken. Dabei die Randmaschen beachten! Beidseitig für die Hüftrundungen in der 5. Reihe ab Anschlag 1 Masche betont abnehmen, dann in jeder 4. Reihe noch 5x je 1 Masche betont abnehmen. Dabei am rechten Rand betonte Abnahmen B, am linken Rand betonte Abnahmen A arbeiten = 38/42 Maschen. Nach 22 cm (= 28 Reihen) ab Anschlag beidseitig für die Kimonorundungen und kurzen Ärmel 1 Masche zunehmen, dann in jeder 2. Reihe noch 7x/9x je 1 Masche zunehmen, dann 2x/1x je 2 Maschen und 1x 5 Maschen neu dazu anschlagen = 72/76 Maschen. Die Zunahmen jeweils ins vorgegebene Muster einfügen. Bei zunehmender Maschenzahl mit der Rundstricknadel 12 mm weiterarbeiten. Nach der letzten Zunahme für die Ärmelweite ohne Zunahmen gerade weiterstricken. Nach 3/4 cm (= 4/6 Reihen) ab der letzten Zunahme die Arbeit für den V-Ausschnitt in der Mitte teilen und beide Seiten getrennt weiterstricken. Zunächst die linke Vorderteilhäfte glatt links fortsetzen, dabei am Teilungsrand für die Schrägung in jeder 2. Reihe 11x je 1 Masche betont abnehmen, dabei betonte Abnahmen B arbeiten. Gleichzeitig nach 17/18 cm (= 22/24 Reihen) ab der letzten Ärmelzunahme am äußeren Rand für die Schulterschrägung 7/6 Maschen abketten, dann in jeder 2. Reihe noch 3x je 6/7 Maschen abketten. Damit sind die Maschen der einen Seite aufgebraucht. Die andere Seite gegengleich glatt rechts beenden, dabei betonte Abnahmen A arbeiten.

RÜCKENTEIL MIT ÄRMELN

Wie das Vorderteil mit Ärmeln stricken, dabei ebenfalls die rechte Hälfte glatt rechts und die linke Hälfte glatt links arbeiten. Die betonten Abnahmen entsprechend ausführen. Keinen Halsausschnitt arbeiten, sondern erst nach der letzten Schulterabnahme beidseitig die mittleren 22 Maschen für den geraden Ausschnittrand abketten.

FERTIGSTELLEN

Die Teile spannen, anfeuchten und trocknen lassen. Dann alle Nähte im Matratzenstich schließen.

Kragen

64 Maschen mit der Rundstricknadel 10 mm anschlagen. Im Rippenmuster in Runden stricken, dabei die Runde mit 1 Masche rechts beginnen und beenden. Nach der 2. Runde den Rundenbeginn und die Hälfte der Runde markieren. Die Markierungen liegen jeweils zwischen 2 rechten Maschen.

Für die Form in der 6. Runde ab Anschlag je 2 Maschen vor der Markierung rechts zusammenstricken und je 2 M nach der Markierung rechts überzogen zusammenstricken, siehe betonte Abnahmen A. In der Runde also 4 Maschen abnehmen. Diese Abnahmen noch 2x in jeder 6. Runde wiederholen = 52 Maschen. In den folgenden Runden die Maschen stricken, wie sie erscheinen.

Nach 19 cm (= 24 Runden) ab Anschlag für die Form wieder Maschen zunehmen, dafür vor der letzten Masche vor der Markierung und nach der 1. Masche nach der Markierung je 1 Masche rechts verschränkt aus dem Querfaden zunehmen. Diese Zunahmen noch 2x in jeder 6. Runde wiederholen, dabei jedoch bei den Wiederholungen die Maschen links verschränkt zunehmen = 64 Maschen. Nun wieder über alle Maschen im Rippenmuster folgerichtig in Runden weiterstricken. Nach 34 cm (= 42 Runden) ab Anschlag alle Maschen locker abketten, wie sie erscheinen, also rechte Maschen rechts und linke Maschen links.

Das müssen Sie **können ...**

FÜR DEN PULLI

- ... Maschen anschlagen
- ... Rechte Maschen stricken
- ... Linke Maschen stricken
- ... In Runden stricken
- ... Maschen abketten
- ... Naht im Matratzenstich

ROLLKRAGENPULLI UND MÜTZE

! Die Angaben für Größe 36/38 stehen vor dem 1. Schrägstrich, für Größe 40/42 zwischen den Schrägstrichen und für Größe 44/46 nach dem 2. Schrägstrich. Steht nur eine Angabe, gilt sie für alle Größen.

☆☆☆

GRÖSSE
36/38, 40/42 und 44/46

MATERIAL
Lana Grossa Lei in Blau (Farbe 17), ca. 800/850/900 g

Stricknadeln 10 mm und 15 mm

Rundstricknadeln 10 mm und 15 mm, 60 cm lang

MASCHENPROBE
Glatt rechts mit Nadeln 15 mm
8 Maschen und 11 Reihen = 10 cm x 10 cm

Rollkragenpulli

RIPPENMUSTER

In Hinreihen 2 Maschen rechts, 2 Maschen links im Wechsel stricken. In den Rückreihen die Maschen stricken wie sie erscheinen.

GLATT RECHTS

In Hinreihen rechte Maschen, in Rückreihen linke Maschen stricken.

ANLEITUNG

RÜCKENTEIL

42/46/50 Maschen mit den Nadeln 10 mm anschlagen. Für das Bündchen 15 cm (= 19 Reihen) im Rippenmuster stricken, dabei mit 1 Rückreihe beginnen und die Maschen wie folgt einteilen: Randmasche, 1 Masche links, 2 Maschen rechts, 2 Maschen links im Wechsel stricken, enden mit 2 Maschen rechts, 1 Masche links, Randmasche. Dann mit den Nadeln 15 mm glatt rechts weiterarbeiten. Nach 43 cm (= 48 Reihen) ab Bund beidseitig die Armausschnitte markieren und gerade weiterstricken. In 17/18/19 cm (= 18/20/22 Reihen) Armausschnitthöhe für die Schultern beidseitig 9/11/13 Maschen abketten und für den Halsausschnitt die mittleren 24 Maschen auf eine Hilfsnadel oder einen Hilfsfaden stilllegen.

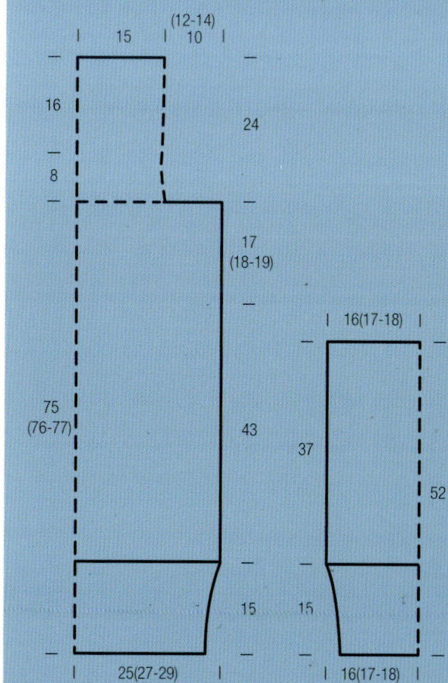

VORDERTEIL

Wie das Rückenteil stricken.

ÄRMEL

28/30/32 Maschen mit den Nadeln 10 mm anschlagen. Für das Bündchen 15 cm (= 19 Reihen) im Rippenmuster stricken, dabei mit 1 Rückreihe beginnen und die Maschen wie folgt einteilen: Randmasche, 2 Maschen links/1 Masche links/2 Maschen links, 2 Maschen rechts, 2 Maschen links im Wechsel stricken, enden mit 2 Maschen rechts, 2 Maschen links/1 Masche links/2 Maschen links, Randmasche. Dann mit den Nadeln 15 mm glatt rechts weiterarbeiten. Nach 37 cm (= 42 Reihen) ab Bund alle Maschen auf einmal locker abketten. Den 2. Ärmel genauso arbeiten.

FERTIGSTELLEN

Die Teile spannen, dabei aber das Bündchen aussparen, dann anfeuchten und trocknen lassen. Seiten- und Ärmelnähte im Matratzenstich schließen, die Seitennähte jedoch nur bis zu den Markierungen. Die Schulternähte beidseitig über die abgeketteten Maschen im Matratzenstich schließen. Nun alle stillgelegten 48 Maschen des Halsausschnittrands auf die Rundstricknadel 10 mm nehmen. Den Rollkragen im Rippenmuster in Runden stricken. In 8 cm Kragenhöhe mit der Rundstricknadel 15 mm weiterarbeiten. In insgesamt 24 cm Kragenhöhe die Maschen locker abketten, wie sie erscheinen, also rechte Maschen rechts und linke Maschen links. Zum Schluss die Ärmel einsetzen, dabei den Abkettrand jeweils etwas dehnen.

Mütze

GLATT RECHTS

In Hinreihen rechte Maschen, in Rückreihen linke Maschen stricken.

FESTE MASCHEN

In Reihen häkeln. Die 1. Reihe über einen Maschenanschlag ausführen, dabei aus jeder Strickmasche 1 Schlinge aufnehmen und feste Maschen häkeln. Zu jeder folgenden Reihe mit 1 Luftmasche vorgehen. Dann fortlaufend in jede feste Masche der Vorreihe wieder 1 feste Masche häkeln. Bei Abnahmen jeweils nur je 1 Schlinge durch 2 nebeneinanderliegende Maschen holen und auf der Nadel liegen lassen, dann mit einem neuen Umschlag alle auf der Nadel liegenden Schlingen zusammen abmaschen.

ANLEITUNG

Den oberen Mützenteil zuerst stricken. Dafür 62 Maschen mit den Nadeln 12 mm anschlagen. Nun in Reihen glatt rechts stricken, dabei mit 1 Rückreihe links beginnen. Nach 16 cm (= 21 Reihen) ab Anschlag mit den Abnahmen für die Mützenspitze beginnen. Dafür in der 22. Reihe nach der 1. Masche *1 Masche stricken, 2 Maschen rechts zusammenstricken, ab * noch 19x wiederholen. Dadurch werden in dieser Reihe 20 Maschen abgenommen = 42 Maschen. Die 23. Reihe ohne Abnahmen stricken. In der 24. Reihe *1 Masche stricken, 2 Maschen rechts zusammenstricken, ab * noch 13x wiederholen. Nun sind noch 28 Maschen auf der Nadel. Die 25. Reihe ohne Abnahmen stricken. In der 26. Reihe zwischen der 1. und letzten Masche je 2 Masche rechts zusammenstricken = 15 Maschen. Nun den Faden ca. 35 cm lang abschneiden durch die dicke Stopfnadel fädeln. Dann die Stopfnadel mit dem Arbeitsfaden durch die restlichen 15 Maschen schieben und zusammenziehen.
Das Fadenende sorgfältig vernähen. Nun das Bündchen über den Anschlagrand mit der Häkelnadel 9 mm mit festen Maschen in Reihen anhäkeln. Dafür wie beschrieben aus je 2 nebeneinander liegenden Maschen je 1 Schlinge durchholen und diese zusammen abmaschen, damit die Mütze die richtige Form erhält = 31 feste Maschen. Dann noch 2 Reihen feste Maschen locker darüber häkeln und die Arbeit beenden. Mit einem dünneren, festen Faden in passender Farbe die rückwärtige Mützennaht im Matratzenstich schließen. Den Faden sorgfältig vernähen.

Bunte Mützen sind in diesem Winter total in Mode und ein tolles Geschenk für Ihre Freundinnen.

Das müssen Sie können ...

FÜR DIE MÜTZE

- ... Maschen anschlagen
- ... Rechte Maschen stricken
- ... Linke Maschen stricken
- ... Maschen abnehmen
- ... Kettmasche häkeln
- ... Luftmaschen häkeln
- ... Feste Maschen häkeln
- ... Naht im Matratzenstich

GRÖSSE

Kopfumfang 54-58 cm

MATERIAL

Lana Grossa Lei in Pink (Fb 15), ca. 150 g

Stricknadeln 12 mm

Häkelnadel 9 mm

dicke Stopfnadel

MASCHENPROBE

Glatt rechts mit Nadeln 12 mm
9,5 Maschen und 14 Reihen = 10 cm x 10 cm

LONGPULLI UND BARETT

Longpulli

RIPPENMUSTER
In Hinreihen 2 Maschen rechts, 2 Maschen links im Wechsel stricken. In den Rückreihen die Maschen stricken wie sie erscheinen.

GLATT RECHTS
In Hinreihen rechte Maschen, in Rückreihen linke Maschen stricken.

! Die Angaben für Größe 36/38 stehen vor dem 1. Schrägstrich, für Größe 40/42 zwischen den Schrägstrichen und für Größe 44/46 nach dem 2. Schrägstrich. Steht nur eine Angabe, gilt sie für alle Größen.

ANLEITUNG

RÜCKENTEIL
42/46/50 Maschen mit den Nadeln 10 mm anschlagen. Für das Bündchen 14 cm (= 18 Reihen) im Rippenmuster stricken, dabei die Maschen in der 1. Reihe wie folgt einteilen: Randmasche, 1 Masche rechts, 2 Maschen links, 2 Maschen rechts im Wechsel, enden mit 2 Maschen links, 1 Masche rechts, Randmasche. Dann mit den Nadeln 15 mm glatt rechts weiterarbeiten. Nach 43 cm (= 48 Reihen) ab Bündchen beidseitig die Armausschnitte markieren und gerade weiterstricken. In 17/18/19 cm (= 18/20/22 Reihen) Armausschnitthöhe für die Schultern beidseitig 9/11/13 Maschen abketten und für den Halsausschnitt die mittleren 24 Maschen auf einer Hilfsnadel oder einem Hilfsfaden stilllegen.

VORDERTEIL
Wie das Rückenteil stricken.

ÄRMEL
28/30/32 Maschen mit den Nadeln 10 mm anschlagen. Für das Bündchen 14 cm (= 18 Reihen) im Rippenmuster stricken, dabei die Maschen in der 1. Reihe wie folgt einteilen: Randmasche, 2 Maschen rechts/1 Masche rechts/2 Maschen rechts, 2 Maschen links, 2 Maschen rechts im Wechsel, enden mit 2 Maschen links, 2 Maschen rechts/1 Masche rechts/2 Maschen rechts, Randmasche. Dann mit den Nadeln 15 mm glatt rechts weiterarbeiten. Nach 36 cm (= 40 Reihen) ab Bund alle Maschen locker abketten. Den 2. Ärmel genauso arbeiten.

Das müssen Sie können ...

FÜR DEN PULLI

- ... Maschen anschlagen
- ... Rechte Maschen stricken
- ... Linke Maschen stricken
- ... In Runden stricken
- ... Maschen abketten
- ... Naht im Matratzenstich

☆☆☆

GRÖSSE
36/38, 40/42 und 44/46

MATERIAL
Lana Grossa Lei in Pink (Farbe 15), ca. 800/850/900 g

Stricknadeln 10 mm und 15 mm

Rundstricknadeln 10 mm und 15 mm, 60 cm lang

MASCHENPROBE
Glatt rechts mit
Nadeln 15 mm
8 Maschen und 11 Reihen
= 10 cm x 10 cm

FERTIGSTELLEN

Die Teile spannen, dabei aber das Bündchen aussparen, anfeuchten und trocknen lassen. Seiten- und Ärmelnähte im Matratzenstich schließen, die Seitennähte jedoch nur bis zu den Markierungen. Die Schulternähte beidseitig über die abgeketteten Maschen im Matratzenstich schließen. Nun alle stillgelegten 48 Maschen des Halsausschnittrandes auf die Rundstricknadel 10 mm fassen. Für den Rollkragen in Runden im Rippenmuster stricken. In 8 cm Kragenhöhe mit der Rundstricknadel 15 mm weiterarbeiten. In insgesamt 20 cm Kragenhöhe die Maschen locker abketten, wie sie erscheinen, also rechte Maschen rechts und linke Maschen links. Zum Schluss die Ärmel einsetzen, dabei den Abkettrand jeweils etwas dehnen.

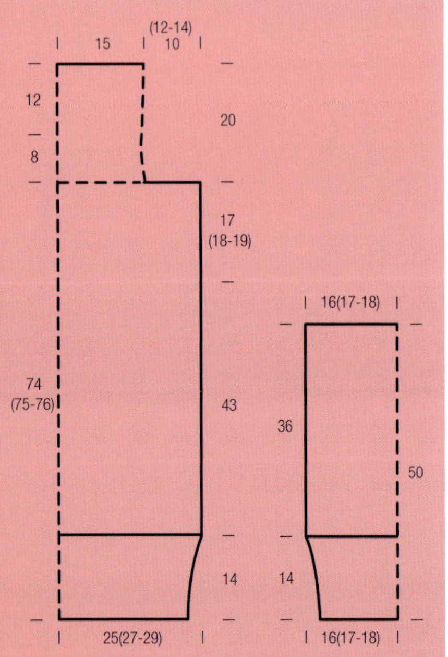

Gehäkeltes Barett

Die Mütze in Spiralrunden häkeln. Dafür 2 Luftmaschen mit der Häkelnadel 12 mm anschlagen. Dann feste Maschen in Spiralrunden arbeiten. Den Rundenbeginn mit einem andersfarbigen Faden markieren. In der 1. Runde 6 feste Maschen in die 2. Luftmasche ab Nadel häkeln. In der 2. Runde jede Masche der 1. Runde verdoppeln, das bedeutet je 2 feste Maschen in 1 feste Masche der Vorrunde häkeln = 12 feste Maschen. In der 3. Runde jede 2. Masche entsprechend verdoppeln = 18 feste Maschen. In der 4. Runde jede 3. Masche verdoppeln = 24 feste Maschen. In der 5. Runde jede 4. Masche, in der 6. Runde jede 5. Masche, in der 7. Runde jede 6. Masche, in der 8. Runde jede 7. Masche und in der 9. Runde jede 8. Masche verdoppeln = 54 Maschen. Nun hat das Barett einen Außendurchmesser von ca. 24 cm. Jetzt die 10.-12. Runde ohne weitere Zunahmen häkeln. Dann mit der Häkelnadel 8 mm weiterarbeiten. Zuerst 1 Runde über die gleiche Maschenzahl häkeln = 54 feste Maschen. In der folgenden Runde 13x jede 3. und 4. Masche der Vorrunde zusammen abmaschen, dabei aus 2 nebeneinanderliegenden Maschen je 1 Schlinge mit der Häkelnadel durchholen, dann alle auf der Nadel liegenden Schlingen mit 1 neuen Umschlag zusammen abmaschen = 41 feste Maschen. Darüber noch 3 Runden ohne Zu- und Abnahmen häkeln. Dann das Teil beenden.

Für die Blüte 5 Luftmaschen mit der Häkelnadel 8 mm anschlagen und mit 1 Kettmasche zum Ring schließen. Dann *1 feste Masche in den Ring, 3 Luftmaschen, 3 Doppelstäbchen in den Ring, 3 Luftmaschen häkeln, ab * noch 4x wiederholen, die Runde mit 1 Kettmasche in die 1. feste Masche schließen. Für 1 Doppelstäbchen 2 Umschläge auf die Nadel nehmen, 1 Schlinge durch die folgende Masche holen, dann jeweils mit 1 neuen Umschlag je 2 Schlingen zusammen abmaschen, bis nur noch 1 Schlinge auf der Nadel ist. Die Blüte laut Foto seitlich an die Mütze nähen.

Das müssen Sie können ...

FÜR DAS BARETT

- ... Luftmaschen häkeln
- ... Feste Maschen häkeln
- ... Kettmaschen häkeln
- ... Doppelstäbchen häkeln

GRÖSSE
Kopfumfang 54-58 cm

MATERIAL
Lana Grossa-Qualität Lei in Pink (Farbe 15), 100 g

Häkelnadeln 8 mm und 12 mm

MASCHENPROBE
Mit Nadel 12 mm 7 feste Maschen und 9 Runden = 10 cm x 10 cm

JACKE MIT PATENTRÄNDERN

Das müssen Sie können ...

FÜR DIE JACKE

- ... Maschen anschlagen
- ... Rechte Maschen stricken
- ... Linke Maschen stricken
- ... Umschlag
- ... Maschen zunehmen
- ... Maschen abnehmen
- ... Maschen abketten
- ... Naht im Matratzenstich
- ... Maschen auffassen

RIPPENMUSTER

In den Hinreihen 1 Masche rechts, 1 Masche links im Wechsel stricken. In den Rückreihen die Maschen stricken wie sie erscheinen.

GLATT LINKS

In Hinreihen linke Maschen, in Rückreihen rechte Maschen stricken.

PATENTMUSTER A UND B

Nach den Strickschriften A und B stricken. Die Zahlen rechts außen bezeichnen die Hinreihen. In der Breite die Reihe jeweils mit der Masche vor dem Rapport beginnen, den Rapport (= 2 Maschen) fortlaufend wiederholen, enden mit den Maschen nach dem Rapport. In der Höhe bei Patentmuster A 1x die 1.-22. R, bei Patentmuster B 1x die 1.-38. Reihe stricken, dann die 3.-38. Reihe fortlaufend wiederholen.

! Die Angaben für Größe 36/38 stehen vor dem 1. Schrägstrich, für Größe 40/42 zwischen den Schrägstrichen und für Größe 44/46 nach dem 2. Schrägstrich. Steht nur eine Angabe, gilt sie für alle Größen.

ANLEITUNG

RÜCKENTEIL

50/54/58 Maschen mit den Nadeln 10 mm anschlagen. Für die Blende 2 cm (= 3 Reihen) im Rippenmuster stricken, dabei mit 1 Rückreihe und nach der Randmasche mit 1 Masche links beginnen. Dann mit den Nadeln 12 mm glatt links weiterarbeiten. Für die Schrägungen in der 15. Reihe ab Blende beidseitig je 1 Masche abnehmen, dann in jeder 16. Reihe noch 2x 1 Masche abnehmen = 44/48/52 Maschen. Nach 45 cm (= 58 Reihen) ab Blende beidseitig für die Armausschnitte je 1 Masche abnehmen, dafür am Reihenanfang nach der Randmasche und am Reihenende vor der Randmasche 2 Maschen links zusammenstricken. Diese Abnahmen in jeder 2. Reihe noch 3x wiederholen = 36/40/44 Maschen. Dann gerade weiterstricken. In 20/21/22 cm (= 26/28/30 Reihen) Armausschnitthöhe für die Schulterschrägungen beidseitig 3/5/5 Masche abketten, dann in jeder 2. Reihe noch 2x je 4/4/5 Maschen abketten. Gleichzeitig mit der 2. Schulterabnahme für den Halsausschnitt die mittleren 14 Maschen abketten und beide Seiten getrennt weiterstricken. Nach der letzten Schulterabnahme

☆☆☆

GRÖSSE
36/38, 40/42 und 44/46

MATERIAL
Lana Grossa Lei in Zyklam (Farbe 06), ca. 800/850/900 g

Stricknadeln 10 mm und 12 mm

Rundstricknadel 12 mm, 80 cm lang

Annäh-Druckknopf in Silber

MASCHENPROBE
Glatt links mit Nadeln 12 mm
9 Maschen und 13 Reihen = 10 cm x 10 cm

Im Patentmuster mit Nadeln 12 mm
8,5 Maschen und 22 Reihen = 10 cm x 10 cm

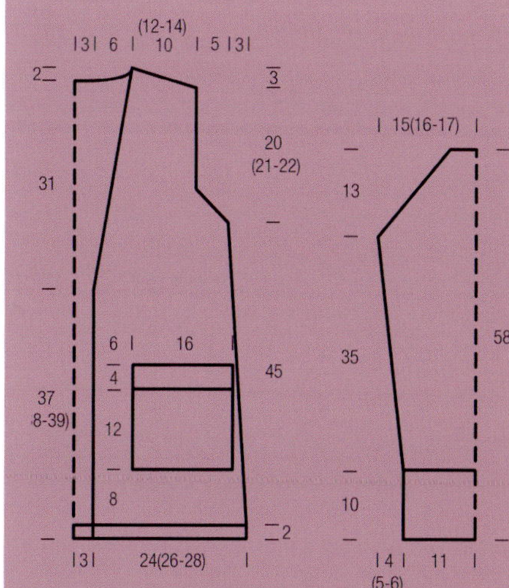

am äußeren Rand sind die Maschen der einen Seite aufgebraucht. Die andere Seite gegengleich beenden.

LINKES VORDERTEIL

24/26/28 Maschen mit den Nadeln 10 mm anschlagen. Für die Blende 2 cm (= 3 Reihen) im Rippenmuster stricken, dabei mit 1 Rückreihe und nach der Randmasche mit 1 Masche links beginnen. Dann mit den Nadeln 12 mm glatt links weiterarbeiten. Die Schrägung am rechten Rand wie am Rückenteil ausführen. Bereits nach 35/36/37 cm (= 46/48/50 Reihen) ab Blende am linken Rand für die Ausschnittschrägung 1 Masche abnehmen, dafür 2 Maschen vor der Randmasche links zusammenstricken. Diese Abnahme in jeder 8. Reihe noch 4x und in der folgenden 6. Reihe 1x wiederholen. Dazwischen den Armausschnitt am rechten Rand in gleicher Höhe wie am Rückenteil ausführen. Die Schulter am rechten Rand ebenfalls in gleicher Höhe wie am Rückenteil schrägen. Damit sind alle Maschen aufgebraucht.

RECHTES VORDERTEIL

Gegengleich zum linken Vorderteil stricken, dabei am rechten Rand für die Abnahmen der Ausschnittschrägung nach der Randmasche je 2 Maschen links zusammenstricken.

ÄRMEL

21 Maschen mit den Nadeln 12 mm anschlagen. Für das Bündchen 10 cm (= 22 Reihen) im Patentmuster A stricken. Dann glatt links weiterarbeiten, dabei in der 1. Reihe gleichmäßig verteilt 2 Maschen verschränkt aus dem Querfaden herausstricken und die Maschen mit den Umschlägen jeweils links zusammenstricken = 23 Maschen. Beidseitig für die Schrägungen in der 11./9./7. Reihe ab Bund 1 Masche zunehmen, dann in jeder 10./8./6. Reihe noch 3/4/5x je 1 Masche zunehmen = 31/33/35 Maschen. Nach 35 cm (= 46 Reihen) ab Bund beidseitig für die Armkugel 1 Masche abnehmen, dafür am Reihenanfang nach der Randmasche und am Reihenende vor der Randmasche je 2 Maschen links zusammenstricken. Diese Abnahmen in jeder 2. Reihe noch 8x wiederholen. In der folgenden Reihe die restlichen 13/15/17 Maschen auf einmal abketten. Den 2. Ärmel genauso arbeiten.

TASCHENBEUTEL

17 Maschen mit den Nadeln 12 mm anschlagen und glatt links stricken. Nach 12 cm (= 16 Reihen) ab Anschlag für die Blende mit den Nadeln 10 mm im Rippenmuster weiterstricken. In 4 cm (= 5 Reihen) Blendenhöhe die Maschen abketten, wie sie erscheinen, also rechte Maschen rechts und linke Maschen links.

FERTIGSTELLEN

Die Teile spannen, anfeuchten und trocknen lassen. Taschenbeutel jeweils laut Schnittschema so auf die Vorderteile nähen, dass die Randmaschen und der Anschlagrand nicht mehr sichtbar sind. Alle Nähte schließen.
Für die rechte, vordere Blende 7 Maschen mit den Nadeln 12 mm anschlagen. Im Patentmuster B stricken, dabei für den Kettenrand die 1. Masche jeder Reihe rechts verschränkt stricken, die letzte Masche jeder Reihe wie zum Linksstricken abheben, den Faden vor der Masche weiterführen.
Nach 37/38/39 cm (= 82/84/86) Reihen ab Anschlag die Maschen abketten, wie sie erscheinen, also rechte Maschen rechts und linke Maschen links. Die Blende an den senkrechten Rand des rechten Vorderteils nähen. Die linke Blende genauso stricken, jedoch mit der linken Seite nach außen annähen. Nun mit der Rundstricknadel aus dem gesamten Halsausschnittrand einschließlich der Blendenschmalseiten 85 Maschen auffassen. Für den Kragen im Patentmuster B mit Kettenrand stricken, dabei mit 1 Rückreihe = (2. Musterreihe) beginnen. In 11 cm (= 25 Reihen) Kragenhöhe die Maschen relativ fest rechts abketten, damit der Kragen in Form bleibt.
Die Ärmel einsetzen. Den Druckknopf so am Kragen annähen, dass die Kragenenden wie auf dem Foto übereinanderliegen.

Es ist ratsam, beim Ablesen der Strickschriften die Reihen zu markieren, die Sie gestrickt haben, dann finden Sie nach einer Strickpause wieder leichter den Anschluss zum Weiterarbeiten.

STRICKSCHRIFT A

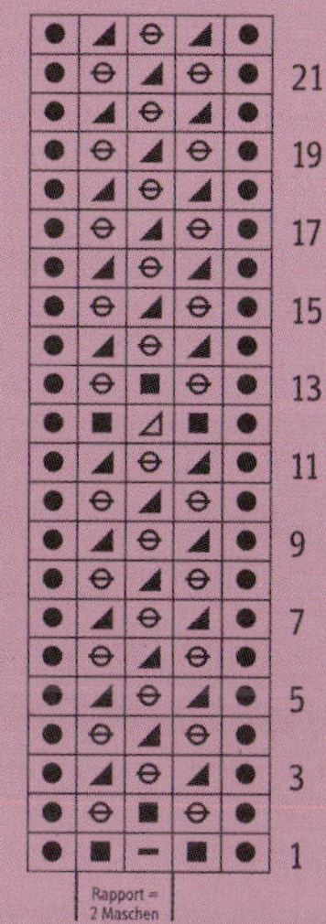

STRICKSCHRIFT B

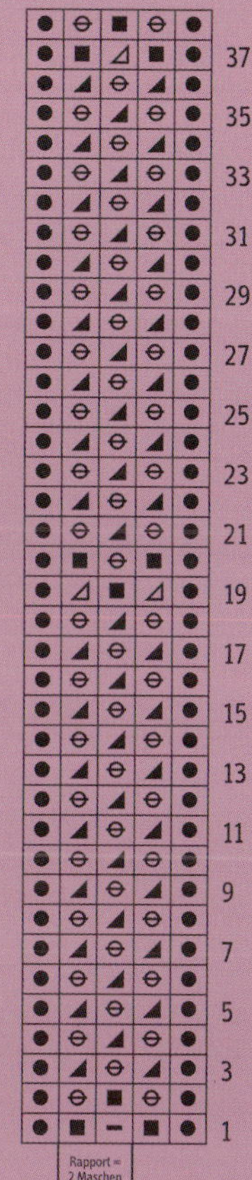

● = 1 Randmasche
■ = 1 Masche rechts
− = 1 Masche links
⊖ = 1 Masche mit 1 Umschlag wie zum Linksstricken abheben
◢ = Die Masche und den Umschlag rechts zusammenstricken
◿ = Die Masche und den Umschlag links zusammenstricken

KURZMANTEL

Das müssen Sie können ...

FÜR DEN MANTEL

- ... Maschen anschlagen
- ... Rechte Maschen stricken
- ... Linke Maschen stricken
- ... Maschen abnehmen
- ... Maschen abketten
- ... Naht im Matratzenstich
- ... Maschen auffassen
- ... Kettmaschen häkeln
- ... Luftmaschen häkeln
- ... Feste Maschen häkeln

RIPPENMUSTER

In Hinreihen 1 Masche links, 1 Masche rechts im Wechsel stricken. In Rückreihen die Maschen stricken wie sie erscheinen.

GLATT RECHTS

In Hinreihen rechte Maschen, in Rückreihen linke Maschen stricken.

GLATT LINKS

In Hinreihen linke Maschen, in Rückreihen rechte Maschen stricken.

BETONTE ABNAHMEN

Rechter Rand: Randmasche, 1 Masche rechts, 2 Maschen überzogen zusammenstricken (= 1 Masche wie zum Rechtsstricken abheben, die folgende Masche rechts stricken und die abgehobene Masche darüber ziehen.

Linker Rand: 2 Maschen rechts zusammenstricken, 1 Masche rechts, Randmasche.

! Die Angaben für die kleinere Größe stehen vor dem Schrägstrich, für die größere Größe danach. Steht nur eine Angabe, gilt sie für beide Größen.

ANLEITUNG

RÜCKENTEIL

50/54 Maschen mit den Nadeln 12 mm anschlagen und in folgender Einteilung stricken: Randmasche, 16 Maschen glatt links, 16/20 Maschen glatt rechts, 16 Maschen glatt links, Randmasche. Für die Dreiecke beidseitig in der 5. Reihe ab Anschlag 1 Masche weniger glatt links, dafür in der Mitte beidseitig je 1 Masche mehr glatt rechts stricken. Dies *in jeder 2. Reihe 2x und in der folgenden 4. Reihe 1x wiederholen, ab * 3x wiederholen, dann noch 1x in der folgenden 2. Reihe wiederho-

☆☆☆

GRÖSSE

36/38 und 40/42

MATERIAL

Lana Grossa Lei in Dunkelgrün (Farbe 05), 850/900 g

Stricknadeln 12 mm

Rundstricknadel 12 mm, 80 cm lang

Häkelnadel 8 mm

Knopf, ca. 4,5 cm x 3,5 cm

MASCHENPROBE

Glatt rechts oder glatt links mit Nadeln 12 mm
8,5 Maschen und 11 Reihen
= 10 cm x 10 cm

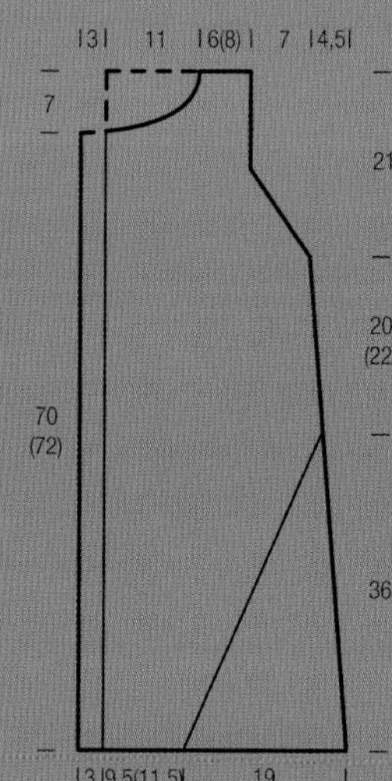

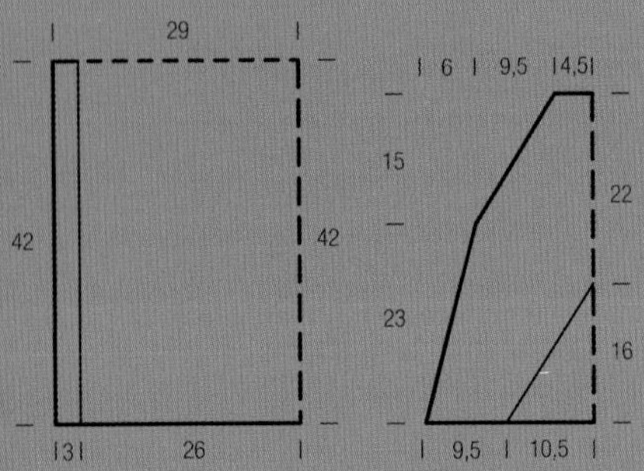

len. Damit sind die Glatt-links-Maschen aufgebraucht, die Glatt-rechts-Maschen gehen nun über die ganze Rückenteilbreite. Bereits in der 15. Reihe ab Anschlag beidseitig für die Schrägungen je 1 Masche abnehmen, dann in jeder 14. Reihe 2x je 1 Masche und in der folgenden 12. Reihe noch 1x 1 Masche abnehmen = 42/46 Maschen. Nach 56/58 cm (= 62/64 Reihen) ab Anschlag beidseitig für die Armausschnitte 1 Masche betont abnehmen, dann in jeder 2. Reihe noch 5x je 1 Masche betont abnehmen = 30/34 Maschen. In 21 cm (= 24 Reihen) Armausschnitthöhe für den Halsausschnitt die mittleren 18 Maschen stilllegen und beidseitig für die Schultern je 6/8 Maschen abketten

LINKES VORDERTEIL

29/31 Maschen mit den Nadeln 12 mm anschlagen und in folgender Einteilung stricken: Randmasche, 16 Maschen glatt links, 8/10 Maschen glatt rechts, für die vordere Blende 3 Maschen Rippenmuster (= 1 Masche links, 1 Masche rechts, 1 Masche links und Randmasche). Das Glatt-links-Dreieck am rechten Rand wie am Rückenteil einstricken und die Glatt-rechts-Maschen entsprechend verbreitern. Die Abnahmen für die Schrägung und den Armausschnitt am rechten Rand jeweils in gleicher Höhe wie am Rückenteil ausführen = 19/21 Maschen. In 14 cm = 16 Reihen Armausschnitthöhe am linken Rand für den Halsausschnitt 5 Maschen stilllegen, dann in jeder 2. Reihe noch 2x je 3 Maschen und 1x 2 Maschen abketten. Die Schultermaschen am rechten Rand in gleicher Höhe wie am Rückenteil abketten.

RECHTES VORDERTEIL

Gegengleich stricken.

ÄRMEL

36 Maschen mit den Nadeln 12 mm anschlagen und in folgender Einteilung stricken: Randmasche, 8 Maschen glatt rechts, 18 Maschen glatt links, 8 Maschen glatt rechts, Randmasche. Für das Dreieck in der 3. Reihe ab Anschlag nur noch über die mittleren 16 Maschen glatt links und beidseitig über je 1 Masche mehr glatt rechts stricken. Dann in jeder 2. Reihe beidseitig noch 8x je 1 Masche mehr glatt rechts, dafür weniger glatt links stricken. Damit sind die Glatt-links-Maschen aufgebraucht. Die Glatt-rechts-Maschen gehen nun über die ganze Ärmelbreite. Bereits in der 7. Reihe ab Anschlag beidseitig für die Schrägungen 1 Masche betont abnehmen, dann in der folgenden 6. Reihe 1x 1 Masche und in jeder 4. Reihe noch 3x je 1 Masche betont abnehmen = 26 Maschen. Nach 23 cm = 26 Reihen ab Anschlag beidseitig 1 Markierung anbringen und beidseitig für die Ärmelkugel 1 Masche betont abnehmen, dann in jeder 2. Reihe noch 7x je 1 Masche betont abnehmen. In 15 cm (= 16 Reihen) Kugelhöhe die restlichen 10 Maschen auf einmal abketten. Den 2. Ärmel genauso arbeiten.

FERTIGSTELLEN

Die Teile spannen, anfeuchten und trocknen lassen. Die Nähte im Matratzenstich schließen, die Ärmelnähte dabei jeweils nur bis zur Markierung. Mit der Rundstricknadel aus dem Halsausschnittrand zu den stillgelegten Maschen aus den vorderen Ausschnitträndern noch je 12 Maschen auffassen = 52 Maschen. Für die Kapuze über die mittleren 44 Maschen glatt rechts stricken und über den 4 Maschen beidseitig die Rippenblende wie an den Vorderteilen fortsetzen. Nach 42 cm (= 46 Reihen) ab Kapuzenbeginn die Maschen zur Hälfte gegeneinanderlegen und die obere Naht im Matratzenstich schließen. Die Ärmel einsetzen. Für die Knopflochschlinge am rechten Vorderteil am Kapuzenansatz mit der Häkelnadel 8 mm den Faden mit 1 Kettmasche am Gestrick anschlingen, 4 Luftmaschen häkeln, mit 3 cm Abstand nach unten wieder mit 1 Kettmasche am Gestrick anschlingen. Dann die Schlinge zurückgehend mit 6 festen Maschen überhäkeln. Den Knopf annähen.

Verwenden Sie zur Pflege Ihrer handgestrickten Modelle immer spezielles Fein- oder Wollwaschmittel und lassen Sie sie im Liegen trocknen.

MÜTZE UND DREIECKTUCH

Das müssen Sie können ...

FÜR DIE MÜTZE

...Maschen anschlagen

...Rechte Maschen stricken

...Linke Maschen stricken

...In Runden stricken

...Maschen abnehmen

KRAUS RECHTS

In Hin- und Rückreihen rechte Maschen stricken.

RIPPENMUSTER

In Hinreihen 2 Maschen rechts, 2 Maschen links im Wechsel stricken. In Rückreihen die Maschen so stricken, wie sie erscheinen.

GLATT RECHTS

In Hinreihen rechte Maschen, in Rückreihen linke Maschen stricken.

Mütze

48 Maschen auf dem Nadelspiel anschlagen, gleichmäßig auf 4 Nadeln verteilen und zur Runde schließen. Dann Rippen in Runden stricken. Nach 25 cm (= 35 Runden) ab Anschlag für die Spitze in jeder Linksrippe 2 Maschen links zusammenstricken = 36 Maschen. In den folgenden 2 Runden die Maschen stricken, wie sie erscheinen, also 2 Maschen rechts, 1 Masche links im Wechsel stricken. In der nächsten Runde stets in den Rechtsrippen 2 Maschen rechts zusammenstricken = 24 Maschen. In den folgenden 2 Runden die Maschen wieder stricken wie sie erscheinen, also 1 Masche rechts, 1 Masche links im Wechsel stricken. In der nächsten Runde je 1 rechte Masche mit der folgenden linken Masche überzogen zusammenstricken, dafür die rechte Masche jeweils wie zum Rechtsstricken abheben, die linke Masche links stricken und die abgehobene Masche darüberziehen = 12 Maschen. In der folgenden Runde je 2 Maschen rechts zusammenstricken. Dann die restlichen 6 Maschen mit dem Fadenende zusammenziehen. Den Faden auf der Mützeninnenseite sorgfältig vernähen.

☆☆☆

GRÖSSE

Mütze Kopfumfang 54 cm

MATERIAL

Lana Grossa Lei in Dunkelgrün (Fb 05), ca. 150 g

Nadelspiel 12 mm

MASCHENPROBE

Im Rippenmuster mit Nadel 12 mm
9 Maschen und 14 Reihen = 10 cm x 10 cm

Dreiecktuch

Das Tuch wird an der breiten Seite begonnen. Dafür 3 Maschen mit der Nadel 12 mm anschlagen. Dann in der 1. Reihe (= Hinreihe) wie folgt stricken: 1 Masche rechts, 1 Umschlag auf die Nadel nehmen, 1 Masche rechts, 1 Umschlag auf die Nadel nehmen, 1 Masche rechts. In der 2. Reihe und in allen folgenden Rückreihen die Maschen und die Umschläge vor und nach der Mittelmasche rechts, die Mittelmasche links stricken. In der 3. Reihe alle Maschen rechts stricken, dabei für die Form nach der 1. Masche und vor der letzten Masche sowie vor und nach der Mittelmasche je 1 Umschlag auf die Nadel nehmen. Alle folgenden Hinreihen wie die 3. Reihe arbeiten. Auf diese Weise fortfahren, so werden in jeder Hinreihe 4 Maschen zugenommen, die Maschen zwischen den Zunahmen kraus rechts und die Mittelmasche glatt rechts gestrickt. Bei zunehmender Maschenzahl mit der Rundstricknadel weiterarbeiten. Nach 80 cm (= 95 Reihen) ab Anschlag – in der Mitte des Tuchs gemessen – sind 189 Maschen auf der Nadel. Nun die Maschen in der folgenden Rückreihe locker rechts abketten.

FERTIGSTELLEN

Das Teil leicht spannen, anfeuchten und trocknen lassen. Über die schrägen Seiten je 31 Fransen, in die Mittelmasche 1 Franse einknüpfen. Für die 1. und letzte Franse je 5 Fäden, für alle übrigen Fransen je 3 Fäden von 60 cm Länge mit der Häkelnadel einknüpfen. Die 1. Franse in die 1. Masche, jede weitere bis zur Mitte in jede folgende 3. Masche einknüpfen, nach der Mitte gegengleich arbeiten. Dann die Fransen nochmal im Abstand von 5 cm versetzt zueinander verknoten. Dafür 2 Fäden der 1. Franse mit 3 Fäden der folgenden Franse verknoten. Die restlichen Fäden der 1. Franse nochmals für sich verknoten. Dann fortlaufend bis zur letzten Franse 3 Fäden der nächsten Franse mit 3 Fäden der vorhergehenden Franse verknoten. Bei der letzten Franse wie am Anfang arbeiten.

Gerade bei großen Teilen ist es angenehm, mit Rundstricknadeln zu arbeiten. Die Strickarbeit ruht dann auf dem Schoß der Strickerin und die Gelenke werden geschont.

Das müssen Sie können ...

FÜR DAS TUCH

...Maschen anschlagen

...Rechte Maschen stricken

...Linke Maschen stricken

...Umschlag

...Maschen zunehmen

...Maschen abketten

...Fransen einknüpfen

☆☆☆

GRÖSSE
Tuch 80 cm x 180 cm ohne Fransen

MATERIAL
Lana Grossa Lei in Dunkelgrün (Farbe 05), ca. 800 g

Stricknadeln 12 mm

Rundstricknadel 12 mm, 100 cm lang

Häkelnadel 8 mm

MASCHENPROBE
Kraus rechts
mit Nadel 12 mm
9 Maschen und 18 Reihen
= 10 cm x 10 cm

Im Rippenmuster
mit Nadel 12 mm
9 Maschen und 14 Reihen
= 10 cm x 10 cm

shades

OF GREY

STOLA UND MÜTZE

Das müssen Sie können ...

FÜR DIE STOLA

...Maschen anschlagen
...Rechte Maschen stricken
...Linke Maschen stricken
...Umschlag
...Maschen abketten

FÜR DIE MÜTZE

...Maschen anschlagen
...Rechte Maschen stricken
...Linke Maschen stricken
...Umschlag
...Maschen abnehmen
...Naht im Matratzenstich

KNÖTCHENRAND

Die 1. Masche jeder Reihe wie zum Rechtsstricken abheben. Die letzte Masche jeder Reihe rechts stricken. Alle Teile mit Knötchenrand stricken.

RIPPENMUSTER

In Hinreihen 1 Masche rechts, 1 Masche links im Wechsel stricken. In Rückreihen die Maschen stricken wie sie erscheinen.

PATENTMUSTER

1. Reihe (= Rückreihe): Randmasche, 1 Masche mit 1 Umschlag wie zum Linksstricken abheben, *1 Masche rechts, 1 Masche mit 1 Umschlag wie zum Linksstricken abheben, ab * fortlaufend wiederholen, Randmasche.
2. Reihe (= Hinreihe): Randmasche, *die Masche und den Umschlag der Vorreihe rechts zusammenstricken, 1 Masche mit 1 Umschlag wie zum Linksstricken abheben, ab * fortlaufend wiederholen, enden mit die Masche und den Umschlag der Vorreihe rechts zusammenstricken, Randmasche.
3. Reihe (= Rückreihe): Randmasche, 1 Masche mit 1 Umschlag wie zum Linksstricken abhebem, *die Masche und den Umschlag der Vorreihe rechts zusammenstricken, 1 Masche mit 1 Umschlag wie zum Linksstricken abheben, ab * fortlaufend wiederholen, Randmasche.

Nach der 1. Reihe die 2. und 3. Reihe fortlaufend wiederholen.

Stola

41 Maschen mit den Nadeln 10 mm anschlagen. Für das Bündchen 5 cm (= 7 Reihen) im Rippenmuster stricken, dabei mit 1 Hinreihe und nach der Randmasche mit 1 Masche rechts beginnen. Dann im Patentmuster weiterarbeiten. Nach 140 cm (= 267 R) ab dem Bündchen wieder ein Bündchen wie am Anfang stricken. Danach die Maschen locker abketten wie sie erscheinen, also rechte Maschen rechts und linke Maschen links.

Mütze

42 Maschen mit den Nadeln 8 mm anschlagen. Für das Bündchen zwischen den Randmaschen im Rippenmuster stricken. Nach 3,5 cm (= 5 Reihen) ab Anschlag mit den Nadeln 10 mm im Patentmuster weiterarbeiten, dabei in jeder Reihe zwischen den Randmaschen stets nur den Rapport ab * wiederholen. Nach 17 cm (= 33 Reihen) ab Bund in der folgenden Hinreihe für die Spitze wie folgt arbeiten und dabei Maschen abnehmen: Die 1. Patentmasche mit der Randmasche davor rechts zusammenstricken, dann fortlaufend je 2 Maschen rechts zusammenstricken = 21 Maschen. In der nächsten Rückreihe nach der Randmasche je 2 Maschen links zusammenstricken. Die restlichen 11 Maschen mit dem Fadenende zusammenziehen. Den Faden sorgfältig vernähen. Dann die rückwärtige Mittelnaht mit einem farblich passenden, dünneren Garn im Matratzenstich schließen.

☆☆☆

GRÖSSE
Stola 150 cm x 50 cm

Mütze Kopfumfang 56-58 cm

MATERIAL
STOLA
Lana Grossa Lei in Grau
(Farbe 12), ca. 750 g

Stricknadeln 10 mm

MÜTZE
Lana Grossa Lei in Grau
(Farbe 12), ca. 100 g

Stricknadeln 8 mm und 10 mm

MASCHENPROBE
Im Patentmuster
mit Nadeln 10 mm
8 Maschen und 19 Reihen
= 10 cm x 10 cm

PUDELMÜTZE MIT ZÖPFEN

Das müssen Sie können ...

FÜR DIE MÜTZE

...Maschen anschlagen
...Rechte Maschen stricken
...Linke Maschen stricken
...In Runden stricken
...Maschen zunehmen
...Maschen abnehmen
...Maschen verzopfen
...Pompon

☆☆☆

GRÖSSE
Kopfumfang 56-58 cm

MATERIAL
Lana Grossa Metoo in Aubergine meliert (Farbe 103), ca. 100 g

Nadelspiele 6 mm und 7 mm

MASCHENPROBE
Im Zopf-Rippenmuster mit Nadeln 7 mm in der Breite leicht gedehnt gemessen 22 Maschen und 25 Runden = 10 cm x 10 cm

RIPPENMUSTER

In den Hinreihen 2 Maschen rechts, 2 Maschen links im Wechsel stricken. In den Rückreihen die Maschen stricken wie sie erscheinen.

ZOPF-RIPPENMUSTER

Nach Strickschrift stricken. Die Zahlen rechts außen bezeichnen die Musterrunden. In den nicht gezeichneten Runden die Maschen stricken wie sie erscheinen. In der Runde den Rapport (= anfangs 26 Maschen) 4x stricken. In der Höhe 1x die 1.-47. Runde stricken.

ANLEITUNG

Die Mütze in Runden stricken Dafür 68 Maschen auf dem Nadelspiel 6 mm anschlagen. Die Maschen gleichmäßig auf 4 Nadeln verteilt – je 17 Maschen pro Nadel – zur Runde schließen. Dann für die Blende 2,5 cm (= 7 Runden) im Rippenmuster stricken. In der letzten Blendenrunde gleichmäßig verteilt 36 Maschen verschränkt aus dem Querfaden zunehmen = 104 Maschen. Dann mit dem Nadelspiel 7 mm im Zopf-Rippenmuster weiterarbeiten, dabei den Rapport in der Runde 4x stricken. Nach 16 cm (= in der 39. Runde) ab Blende mit den Abnahmen für die Mützenspitze beginnen, dafür wie in der Strickschrift gezeichnet in jeder Linksrippe 1 Masche und über den Zöpfen je 2 Masche abnehmen = 84 Maschen. Die übrigen Abnahmen wie in der Strickschrift gezeichnet ausführen, dabei in der 41. Runde in jedem Rapport 2 Maschen, in der 42. Runde in jedem Rapport 6 Maschen und in der 46. Runde in jedem Rapport 5 Maschen abnehmen = 32 Maschen. In der 48. Runde jede 3. und 4. Masche rechts zusammenstricken = 24 Maschen. Diese Abnahmen in der folgenden 2. Runde noch 1x wiederholen = 18 Maschen. In der nächsten Runde je 2 Maschen rechts zusammenstricken. Den Faden abschneiden, mit einer Nadel durch die restlichen 9 Maschen fädeln und diese damit zusammenziehen. Das Fadenende sorgfältig vernähen. Einen Pompon von 6 cm Durchmesser anfertigen und an die Mützenspitze nähen.

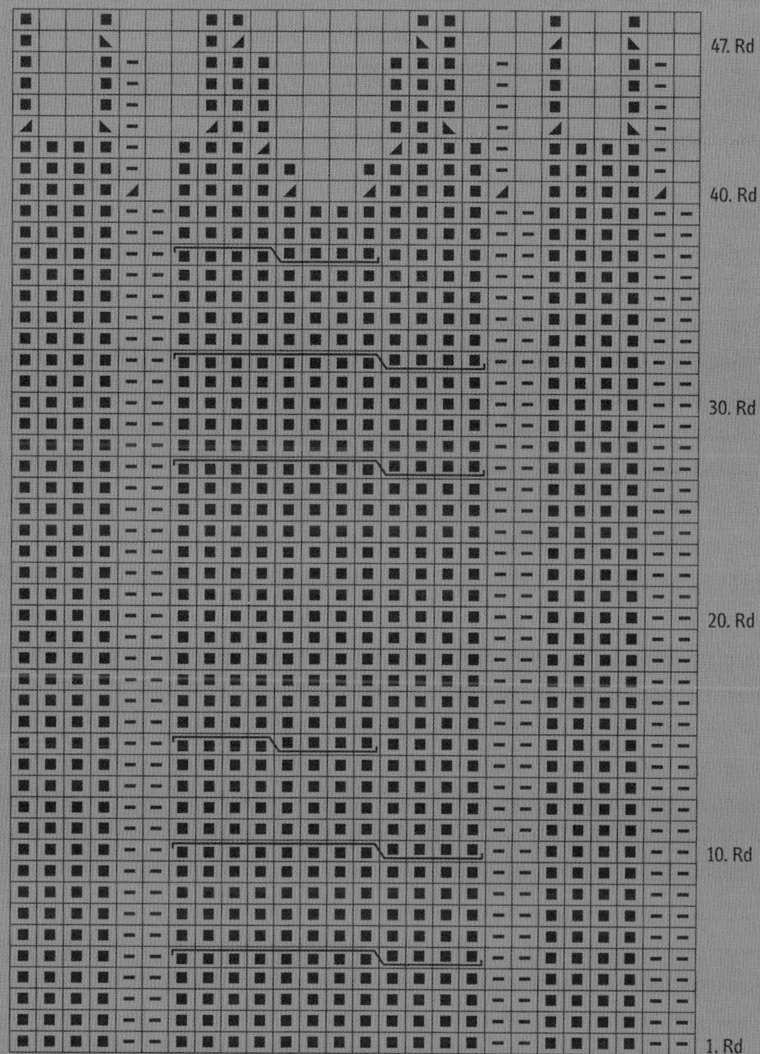

■ = 1 Masche rechts

– = 1 Masche links

= 4 Maschen auf einer Hilfsnadel vor die Arbeit legen, 8 Maschen rechts stricken, dann die 4 Maschen der Hilfsnadel rechts stricken

= 1 Masche wie zum Rechtsstricken abheben, nächste Masche rechts stricken, abgehobene Masche überziehen

= 2 Maschen rechts zusammenstricken

= keine Bedeutung, dient der besseren Übersicht

ZOPFJACKE MIT KAPUZE

Das müssen Sie können ...

FÜR DIE JACKE

- ... Maschen anschlagen
- ... Rechte Maschen stricken
- ... Linke Maschen stricken
- ... Maschen zunehmen
- ... Maschen abnehmen
- ... Maschen verzopfen
- ... Maschen abketten
- ... Naht im Matratzenstich
- ... Maschen auffassen

RIPPENMUSTER

In den Hinreihen 2 Maschen rechts, 2 Maschen links im Wechsel stricken. In den Rückreihen die Maschen stricken wie sie erscheinen.

GLATT LINKS

In Hinreihen linke Maschen, in Rückreihen rechte Maschen stricken.

GLATT RECHTS

In Hinreihen rechte Maschen, in Rückreihen linke Maschen stricken.

ZOPF A

Nach Strickschrift A über 18 Maschen stricken. Es sind nur Hinreihen aufgezeichnet, in den Rückreihen alle Maschen links stricken. In der Höhe 1x die 1.-22. Reihe stricken, dann die 7.-22. Reihe fortlaufend wiederholen.

ZOPF B

Nach Strickschrift B über 12 Maschen stricken. Es sind nur Hinreihen aufgezeichnet, in den Rückreihen alle Maschen links stricken. In der Höhe 1x die 1.-30. Reihe stricken, dann die 5.-30. Reihe fortlaufend wiederholen.

BETONTE ABNAHMEN

Rechter Rand: Randmasche, 2 Maschen links zusammenstricken.
Linker Rand: 2 Maschen überzogen zusammenstricken (= 1 Masche wie zum Linksstricken abheben, die folgende Masche links stricken und die abgehobene Masche darüberziehen, Randmasche).

! Die Angaben für Größe 36/38 stehen vor dem 1. Schrägstrich, für Größe 40/42 zwischen den Schrägstrichen und für Größe 44/46 nach dem 2. Schrägstrich. Steht nur eine Angabe, gilt sie für alle Größen.

ANLEITUNG

RÜCKENTEIL

72/78/84 Maschen mit den Nadeln 7 mm anschlagen. Für den hohen Bund 13 cm (= 30 Reihen) im Rippenmuster stricken, dabei die Maschen in der 1. Reihe wie folgt einteilen: Randmasche, 2/1/2 Maschen rechts, 2 Maschen links, 2 Maschen rechts im Wechsel, enden mit 2 Maschen links, 2/1/2 Maschen rechts, Randmasche.
Dann mit den Nadeln 8 mm in folgender Einteilung weiterarbeiten: Randmasche, 8/10/12 Maschen glatt links, 18 Maschen Zopf A, 18/20/22 Maschen glatt links, 18 Maschen Zopf A, 8/10/12 Maschen glatt links, Randmasche.

Für die Schrägungen beidseitig in der 11. Reihe ab Bund 1 Masche glatt links zunehmen, dann in jeder 10. Reihe noch 3x je 1 Masche glatt links zunehmen = 80/86/92 Maschen. Nach 23/24/25 cm (= 52/54/56 Reihen) ab Bund beidseitig für die Armausschnitte 1 Masche betont abnehmen, dann in jeder 2. Reihe noch 5x je 1 Masche betont abnehmen = 68/74/80 Maschen. In 19/20/21 cm (= 42/44/46 Reihen) Armausschnitthöhe für die Schulterschrägungen beidseitig 5 Maschen abketten, dann in jeder 2. Reihe noch 3x je 5/6/7 Maschen abketten.

 = 1 Masche rechts

 = 4 Maschen auf einer Hilfsnadel vor die Arbeit legen, 4 Maschen rechts stricken, dann die 4 Maschen der Hilfsnadel rechts stricken

 = 6 Maschen auf einer Hilfsnadel vor die Arbeit legen, 6 Maschen rechts stricken, dann die 6 Maschen der Hilfsnadel rechts stricken

 = 6 Maschen auf einer Hilfsnadel hinter die Arbeit legen, 6 Maschen rechts stricken, dann die 6 Maschen der Hilfsnadel rechts stricken

 = 4 Maschen auf einer Hilfsnadel vor die Arbeit legen, 8 Maschen rechts stricken, dann die 4 Maschen der Hilfsnadel rechts stricken

STRICKSCHRIFT A

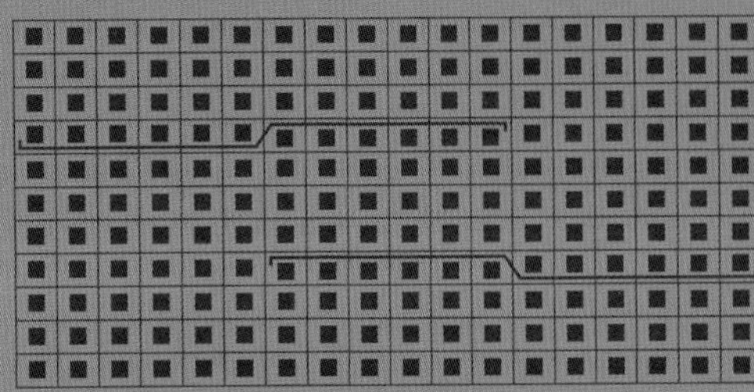

21. R
11. R
1. R

STRICKSCHRIFT B

21. R
11. R
1. R

Gleichzeitig mit der 2. Schulterabnahme für den runden Halsausschnitt die mittleren 18 Maschen abketten und beide Seiten getrennt weiterstricken. Am inneren Rand für die weitere Rundung in jeder 2. Reihe noch 1x 3 Maschen und 1x 2 Maschen abketten. Nach der letzten Schulterabnahme am äußeren Rand sind die Maschen der einen Seite aufgebraucht. Die andere Seite gegengleich beenden.

LINKES VORDERTEIL

34/39/42 Maschen mit den Nadeln 7 mm anschlagen. Für den hohen Bund 13 cm (= 30 Reihen) im Rippenmuster stricken, dabei die Maschen in der 1. Reihe ab dem rechten Rand wie folgt einteilen: Randmasche, 2 Masche links/1 Masche rechts, 2 Maschen links/2 Maschen links, im Wechsel 2 Maschen rechts, 2 Maschen links, enden mit 2 Maschen rechts, Randmasche. In der letzten Bundreihe gleichmäßig verteilt 0/2/2 Maschen abnehmen = 34/37/40 Maschen.

Dann mit den Nadeln 8 mm in folgender Einteilung weiterarbeiten: Randmasche, 8/10/12 Maschen glatt links, 18 Maschen Zopf A, 6/7/8 Maschen glatt links, Randmasche. Die Seitenschrägung und den Armausschnitt am rechten Rand jeweils in gleicher Höhe wie am Rückenteil ausführen = 32/35/38 Maschen.

Bereits in 13/14/15 cm (= 28/30/32 Reihen) Armausschnitthöhe am linken Rand für den Halsausschnitt 4 Maschen abketten, dann für die weitere Rundung in jeder 2. Reihe noch 1x 3 Maschen, 1x 2 Maschen und 3x je 1 Masche abketten. Die Schulter am rechten Rand in gleicher Höhe wie am Rückenteil schrägen. Damit sind alle Maschen aufgebraucht.

RECHTES VORDERTEIL

Gegengleich zum linken Vorderteil stricken.

LINKER ÄRMEL

30 Maschen mit den Nadeln 7 mm anschlagen. Für das Bündchen 4 cm (= 10 Reihen) im Rippenmuster stricken, dabei die Maschen in der 1. Reihe wie folgt einteilen: Randmasche, 1 Masche rechts, 2 Maschen links, 2 Maschen rechts im Wechsel, enden mit 2 Maschen links, 1 Masche rechts, Randmasche.

In der letzten Bundreihe gleichmäßig verteilt 6 Maschen verschränkt aus dem Querfaden zunehmen = 36 Maschen. Dann mit den Nadeln 8 mm glatt links weiterarbeiten, dabei die mittleren 12 Maschen für den späteren Zopf markieren. Beidseitig für die Schrägungen in der 15./11./5. Reihe ab Bund 1 Masche glatt links zunehmen, dann in jeder 14./10./10. Reihe noch 5x/7x/8x je 1 Masche glatt links zunehmen = 48/52/54 Maschen.

Bereits nach 15 cm (= 34 Reihen) ab Bund über die markierten Maschen Zopf B stricken, dabei 1x die 1.-30. Reihe und 1x die 5.-16. Reihe arbeiten. Dann wieder über alle Maschen glatt links weiterstricken.

Nach 43 cm (= 94 Reihen) ab Bund beidseitig für die Armkugel 1 Masche betont abnehmen, dann in jeder 2. Reihe noch 12x je 1 Masche betont abnehmen. In der folgenden Reihe die restlichen 22/26/28 Maschen auf einmal abketten.

RECHTER ÄRMEL

Wie den linken Ärmel stricken, jedoch den Zopf B gleich nach dem Bund beginnen und dabei 1x die 1.-30. Reihe, 2x die 5.-30. Reihe und 1x die 5.-10. Reihe arbeiten. Beiderseits des Zopfes glatt links stricken. Nach Zopfende ebenfalls wieder über alle Maschen glatt links stricken. Zu- und Abnahmen wie beim linken Ärmel ausführen.

FERTIGSTELLEN

Die Teile spannen, anfeuchten und trocknen lassen. Die Nähte im Matratzenstich schließen. Mit der Rundstricknadel 8 mm aus dem Halsausschnittrand von außen über den vorderen Ausschnitträndern je 25 Maschen und dem rückwärtigen Rand 33 Maschen auffassen = 83 Maschen.

Für den Kapuzensteg 3 Reihen glatt links stricken, dabei mit 1 Rückreihe rechte Maschen beginnen. Dann die Maschen zunächst stilllegen. Nun mit der Rundstricknadel 7 mm aus dem Innenrand des Halsausschnitts die Maschen genauso auffassen und für den Stegbesatz 3 Reihen glatt rechts stricken, dabei mit 1 Rückreihe linke Maschen beginnen. Danach die Maschen des Besatzes und des äußeren Stegs von innen rechts zusammenstricken, dabei nacheinander je 1 Masche von innen und 1 Masche von außen erfassen.

Anschließend für die Kapuze von außen mit der Rundstricknadel 8 mm glatt links weiterarbeiten, dabei die 3 mittleren Maschen markieren. Nach 24 cm (= 52 Reihen) ab Steg für die rückwärtige Rundung die 3 markierten Maschen links zusammenstricken. Diese Abnahme in jeder 4. Reihe noch 6x wiederholen = 69 Maschen. In der folgenden Reihe die Mittelmasche abketten und die Kapuze rechts auf rechts zur Hälfte legen. Dann je 1 Masche der einen Hälfte mit 1 Masche der anderen Hälfte rechts zusammenstricken und die Masche gleichzeitig abketten.

Mit der Rundstricknadel 6 mm aus den senkrechten Vorderteilrändern je 89/93/97 Maschen und aus dem Kapuzenrand 114 Maschen auffassen = 292/300/308 Maschen. Für die Blende 1 Rückreihe rechte Maschen, dann im Rippenmuster in Reihen stricken, dabei die Maschen wie folgt einteilen: Randmasche, 2 Maschen rechts, 2 Maschen links im Wechsel stricken, dann vor der Randmasche mit 2 Maschen rechts enden. In der 5. Rippenmusterreihe über dem rechten Vorderteil bis zum Kapuzenbeginn gleichmäßig verteilt 5 Knopflöcher einstricken. Das untere Knopfloch mit 3 cm Abstand zum Rand, das obere mit 2 cm Abstand zum Kapuzenbeginn einarbeiten. Für jedes Knopfloch 2 Maschen abketten und in der folgenden Reihe je 2 Maschen dazu anschlagen. In 4 cm (= 10 Reihen) Blendenhöhe die Maschen abketten wie sie erscheinen, also rechte Maschen rechts und linke Maschen links. Die Ärmel entsprechend einsetzen und die Knöpfe annähen.

☆☆☆

GRÖSSE
36, 40 und 44

MATERIAL
Lana Grossa Metoo in Aubergine meliert (Farbe 103), ca. 600/650/700 g

Stricknadeln 7 mm und 8 mm

Rundstricknadeln 7 mm und 8 mm, je 60 cm lang

Rundstricknadel 6 mm, 100 cm lang

5 Knöpfe in Aubergine, ø 28 mm

MASCHENPROBE
Glatt links mit Nadeln 8 mm
15 Maschen und 22 Reihen = 10 cm x 10 cm

Zopf A mit Nadeln 8 mm
18 Maschen und 22 Reihen = 8 cm x 10 cm

Zopf B mit Nadeln 8 mm
12 Maschen und 22 Reihen = 5 cm x 10 cm

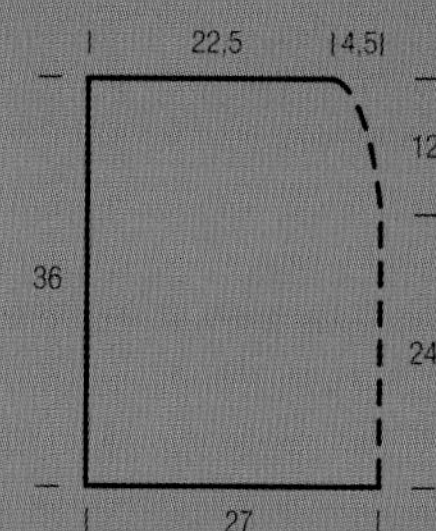

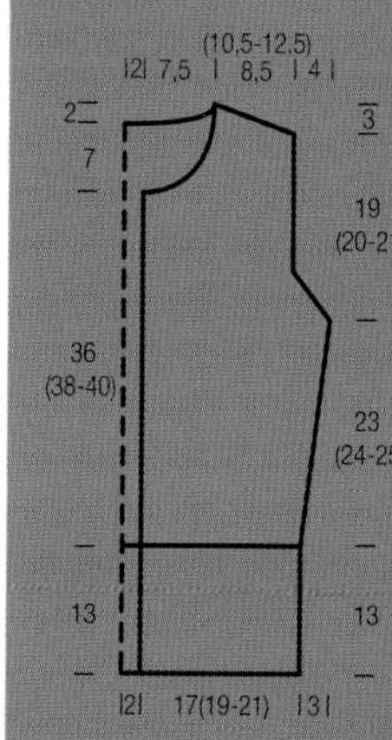

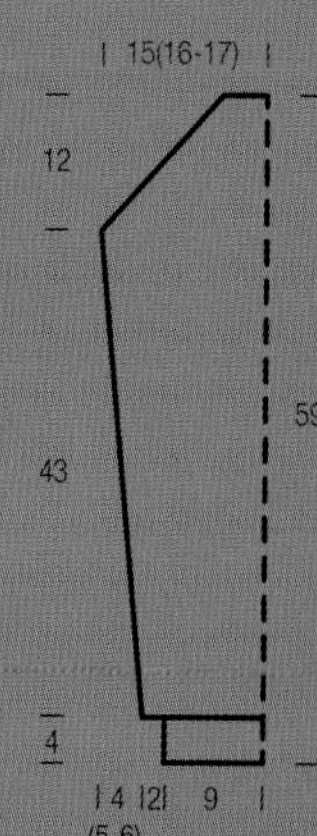

MÜTZE, SCHAL UND KASTENPULLI

Mütze

GLATT RECHTS

In Runden alle Maschen rechts stricken.

FESTE MASCHEN

In Runden häkeln. Die 1. Runde über einen Maschenanschlag ausführen, dabei durch jede Strickmasche 1 Schlinge aufnehmen und feste Maschen häkeln. Die 1. und jede folgende Runde mit 1 Kettmasche in die 1. feste Masche schließen. Zu jeder folgenden Runde mit 1 Luftmasche wenden. Dann fortlaufend in jede feste Masche der Vorrunde wieder 1 feste Masche häkeln. Bei Abnahmen jeweils nur je 1 Schlinge durch 2 nebeneinanderliegende Maschen holen und auf der Nadel liegen lassen, dann mit einem neuen Umschlag alle auf der Nadel liegenden Schlingen zusammen abmaschen.

ANLEITUNG

Den oberen Mützenteil zuerst stricken. Dafür 110 Maschen mit der Rundstricknadel 8 mm anschlagen. Die Maschen zur Runde schließen und in Runden glatt rechts stricken. Nach 16 cm (= 33 Runden) ab Anschlag mit den Abnahmen für die Mützenspitze beginnen.
Dafür in der 34. Runde jede 4. und 5. Masche rechts zusammenstricken. Somit werden in dieser Runde 22 Maschen abgenommen = 88 Maschen. Die 35. Runde ohne Abnahmen stricken. In der 36. Runde jede 3. und 4. Masche rechts zusammenstricken. Nun sind noch 66 Maschen auf der Nadel. Die 37. Runde ohne Abnahmen stricken. In der 38. Runde jede 2. und 3. Masche rechts zusammenstricken = 44 Maschen. Die 39. Runde ohne Abnahmen stricken. In der 40. Runde je 2 Maschen rechts zusammenstricken = 22 Maschen. Die 41. Runde ohne Abnahmen stricken. In der 42. Runde nochmals je 2 Maschen rechts zusammenstricken = 11 Maschen. Bei abnehmender Maschenzahl mit dem Nadelspiel weiterarbeiten, dazu die Maschen gleichmäßig auf 4 Nadeln verteilen. Den Faden abschneiden, durch die restlichen 11 Maschen fädeln und zusammenziehen. Das Fadenende sorgfältig vernähen.
Nun das Bündchen aus festen Maschen über den Anschlagrand in Runden anhäkeln. Dafür in der 1. Runde in die 2 ersten und 2 letzten Maschen der Runde je 1 feste Masche häkeln, sonst durch je 2 nebeneinanderliegenden Maschen je 1 Schlinge durchholen und diese zusammen abmaschen, damit die Mütze die richtige Form erhält = 57 feste Maschen in der Runde.
Insgesamt 7 Runden feste Maschen häkeln, dabei nach jeder Runde wenden. Dann die Arbeit beenden. Das Fadenende sorgfältig vernähen.

Das müssen Sie können ...

FÜR DIE MÜTZE

...Maschen anschlagen
...Rechte Maschen stricken
...In Runden stricken
...Maschen abnehmen
...Luftmaschen häkeln
...Feste Maschen häkeln
...Kettmaschen häkeln

☆☆☆

GRÖSSE
Kopfumfang 54-58 cm

MATERIAL
Lana Grossa Metoo in Petrol (Farbe 02), ca. 100 g
Nadelspiel 8 mm
Rundstricknadel 8 mm, 60 cm lang
Häkelnadel 6 mm

MASCHENPROBE
Glatt rechts mit Nadeln 8 mm
14 Maschen und 21 Runden
= 10 cm x 10 cm

Das müssen Sie können ...

FÜR DEN SCHAL

- ...Maschen anschlagen
- ...Rechte Maschen stricken
- ...Rechts verschränkte Maschen stricken
- ...Maschen abketten

FÜR DEN PULLI

- ...Maschen anschlagen
- ...Rechte Maschen stricken
- ...Linke Maschen stricken
- ...Rechts verschränkte Maschen stricken
- ...Maschen abnehmen
- ...Maschen abketten
- ...Naht im Matratzenstich
- ...Feste Maschen häkeln

Schal

KRAUS RECHTS

In Hin- und Rückreihen rechte Maschen stricken.

ANLEITUNG

60 Maschen mit den Nadeln 8 mm anschlagen und kraus rechts mit Kettenrand stricken (siehe Kastenpulli). Nach 92 cm (= 248 Reihen) ab Anschlag alle Maschen locker abketten.

Kastenpulli

KRAUS RECHTS

In Hin- und Rückreihen rechte Maschen stricken.

GLATT RECHTS

In Hinreihen rechte Maschen, in Rückreihen linke Maschen stricken.

KETTENRAND

Die 1. Masche jeder Reihe rechts verschränkt stricken, dabei von hinten in die Masche einstechen. Die letzte Masche jeder Reihe wie zum Linksstricken abheben, dabei den Faden vor der Masche weiterführen.

BETONTE ABNAHMEN

Am Reihenanfang wie folgt stricken: Randmasche, 1 Masche rechts, 2 Maschen überzogen zusammenstricken (= 1 Masche wie zum Rechtsstricken abheben, die folgende Masche rechts stricken und die abgehobene Masche darüber ziehen). Am Reihenende wie folgt arbeiten: 2 Maschen rechts zusammenstricken, 1 Masche rechts, Randmasche.

Kaufen Sie im Zweifelsfall lieber zu viel Garn als zu wenig. Später ist die gewünschte Farbpartie oft nicht mehr erhältlich, und aus Resten kann oft z. B. noch eine Mütze oder Stulpen gestrickt werden.

Die Angaben für Größe 36/38 stehen vor dem 1. Schrägstrich, für Größe 40/42 zwischen den Schrägstrichen und für Größe 44/46 nach dem 2. Schrägstrich. Steht nur eine Angabe, gilt sie für alle Größen.

ANLEITUNG

RÜCKENTEIL

72/78/84 Maschen mit den Nadeln 8 mm anschlagen. In Reihen glatt rechts stricken, dabei mit 1 Rückreihe linke Maschen beginnen. Nach 33/34/35 cm (= 57/59/61 Reihen) ab Anschlag beidseitig den Beginn der Armausschnitte mit einem andersfarbigen Garn markieren. Dann gerade weiterstricken. In 18/19/20 cm (= 30/32/34 Reihen) Armausschnitthöhe beidseitig für die Schulterschrägungen 3/6/4 Maschen abketten, dann in jeder 2. Reihe noch 5x je 4/4/5 Maschen abketten. Gleichzeitig mit der 4. Schulterabnahme für den Halsausschnitt die mittleren 22 Maschen abketten und beide Seiten getrennt weiterstricken. Am inneren Rand für die Schrägung in jeder 2. Reihe noch 2x je 1 Masche betont abnehmen. Damit sind die Maschen der einen Seite aufgebraucht. Die andere Seite gegengleich beenden.

VORDERTEIL

Wie das Rückenteil stricken, jedoch mit tieferem Halsausschnitt. Dafür bereits in 13/14/15 cm (= 20/22/24 Reihen) Armausschnitthöhe die mittleren 12 Maschen abketten und beide Seiten getrennt weiterstricken. Am inneren Rand für die Schrägung in jeder 2. Reihe noch 7x je 1 Masche betont abnehmen. Die Schulter am äußeren Rand in gleicher Höhe wie am Rückenteil schrägen. Nach der letzten Schulterabnahme sind die Maschen der einen Seite aufgebraucht. Die andere Seite gegengleich beenden.

ÄRMEL

50/52/54 Maschen mit den Nadeln 8 mm anschlagen. Glatt rechts stricken, dabei mit 1 Rückreihe linke Maschen beginnen. Nach 45/47/49 cm = 77/81/85 Reihen ab Anschlag die Maschen locker abketten. Den 2. Ärmel genauso arbeiten.

FERTIGSTELLEN

Die Teile spannen, anfeuchten und trocknen lassen. Die Nähte im Matratzenstich schließen, dabei die Seitennähte jeweils nur bis zur Markierung. Den rückwärtigen Halsausschnittrand mit der Häkelnadel 7 mm noch mit 1 Reihe festen Maschen überhäkeln, damit er in Form bleibt. Zuletzt die Ärmel einsetzen.

GRÖSSE

Schal ca. 92 cm x 42 cm
Pulli 36/38, 40/42 und 44/46

MATERIAL

SCHAL

Lana Grossa Metoo in Petrol meliert (Farbe 105), ca. 250 g

Stricknadeln 8 mm

PULLI

Lana Grossa Metoo in Petrol meliert (Farbe 105), ca. 450/500/550 g

Stricknadeln 8 mm

Häkelnadel 7 mm

MASCHENPROBE

Glatt rechts mit Nadeln 8 mm
13 Maschen und 17 Reihen = 10 cm x 10 cm

Kraus rechts mit Nadeln 8 mm
14 Maschen und 27 Reihen = 10 cm x 10 cm

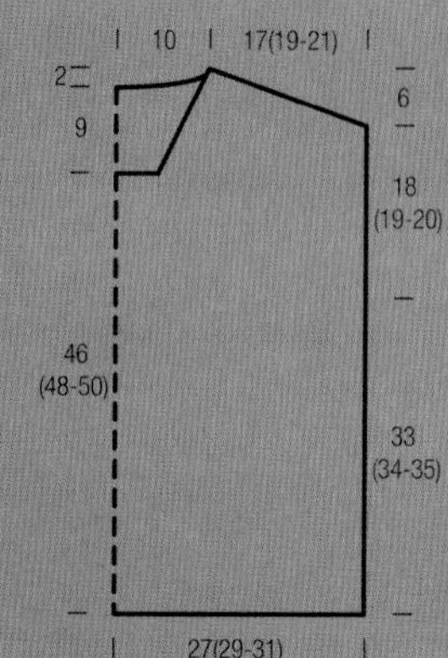

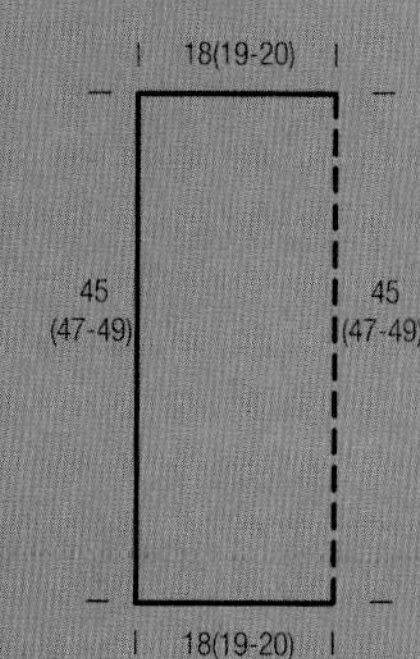

shades OF GREY

RAGLANMANTEL UND SCHAL

Das müssen Sie können ...

FÜR DEN MANTEL

- ... Maschen anschlagen
- ... Rechte Maschen stricken
- ... Umschlag
- ... Rechts verschränkte Maschen stricken
- ... Linke Maschen stricken
- ... Maschen abnehmen
- ... Maschen zunehmen
- ... Maschen abketten
- ... Naht im Matratzenstich

Raglanmantel

KNÖTCHENRAND

Die 1. Masche jeder Reihe wie zum Rechtsstricken abheben. Die letzte Masche jeder Reihe rechts stricken.

KETTENRAND

Die 1. Masche jeder Reihe rechts verschränkt stricken. Die letzte Masche jeder Reihe wie zum Linksstricken abheben, dabei den Faden vor der Masche weiterführen.

KRAUS RECHTS

In Hin- und Rückreihen rechte Maschen stricken.

GLATT RECHTS

In Hinreihen rechte Maschen, in Rückreihen linke Maschen stricken.

BETONTE RAGLAN- UND AUSSCHNITTABNAHMEN

Nach den Strickschriften A/A1, B/B1 und C/C1 stricken. Die Zahlen rechts außen bezeichnen jeweils die Hinreihen. In den Rückreihen die Maschen links stricken. Für die genaue Mustereinteilung in der Breite siehe Anleitung. In der Höhe jeweils die gezeichneten Reihe 1x stricken.

! Die Angaben für die kleinere Größe stehen vor, für die größere Größe nach dem Schrägstrich. Steht nur eine Angabe, gilt diese für beide Größen.

ANLEITUNG

RÜCKENTEIL

60/64 Maschen mit den Nadeln 15 mm anschlagen und glatt rechts stricken. Für die Schrägungen beidseitig in der 9. Reihe ab Anschlag je 1 Masche abnehmen, dann in jeder 8. Reihe noch 8x je 1 Masche abnehmen = 42/46 Maschen. Nach 64 cm (= 74 Reihen) ab Anschlag beidseitig eine Markierung anbringen. Nach 22 cm (= 26 Reihen) ab Markierung nach Strickschrift A/A1 beidseitig für die Armausschnitte 2 Maschen abketten, dann für die Raglanschrägungen in jeder 2. Reihe noch 10x je 1 Masche und 0x/1x 2 Maschen betont ab-

☆☆☆

GRÖSSE

36/38 und 40/42

MATERIAL

MANTEL

Lana Grossa Lei in Grau meliert (Farbe 12), ca. 1100/1150 g

Stricknadeln 10 mm und 15 mm

4 Knöpfe in Grau meliert, ø 25 mm

MASCHENPROBE

Glatt rechts mit Nadeln 15 mm
8 Maschen und 11,5 Reihen = 10 cm x 10 cm

Kraus rechts mit Nadeln 10 mm
9 Maschen und 18 Reihen = 10 cm x 10 cm

STRICKSCHRIFT A

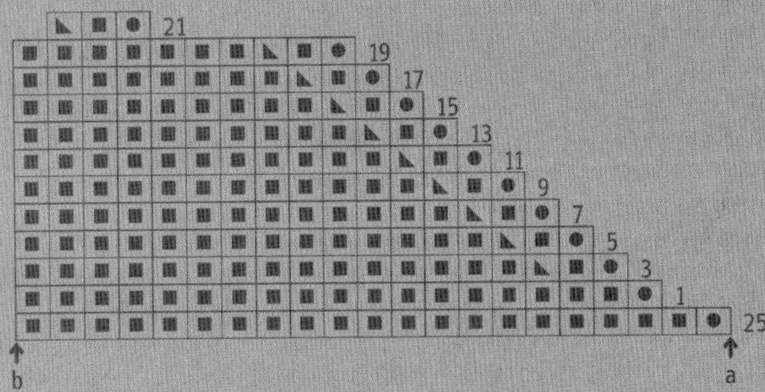

STRICKSCHRIFT B

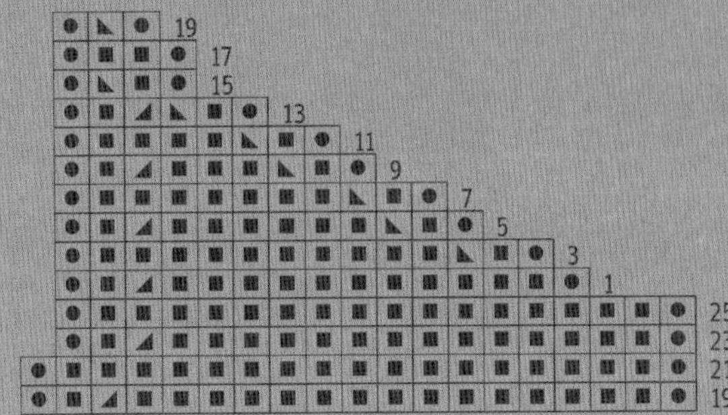

STRICKSCHRIFT A1

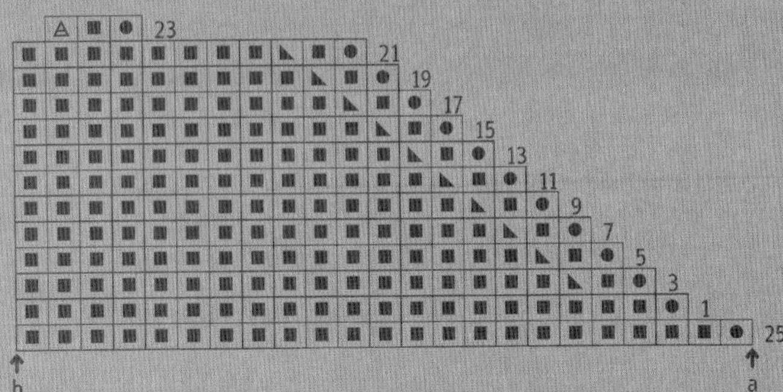

STRICKSCHRIFT B1

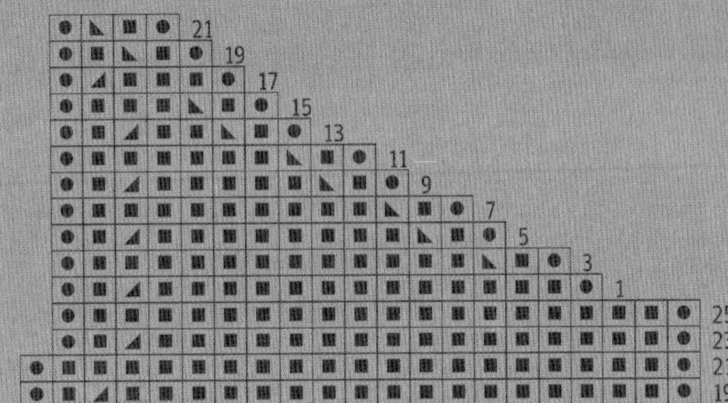

= 1 Randmasche

= 1 Masche rechts

= 1 Masche links

= 1 Masche mit 1 Umschlag wie zum Linksstricken abheben

= Die Masche und den Umschlag rechts zusammenstricken

= 1 Masche wie zum Rechtsstricken abheben, nächste Masche rechts stricken, abgehobene Masche überziehen

= 3 Maschen rechts überzogen zusammenstricken: 1 Masche wie zum Rechtsstricken abheben, 2 Maschen rechts zusammenstricken, abgehobene Masche überziehen

STRICKSCHRIFT C

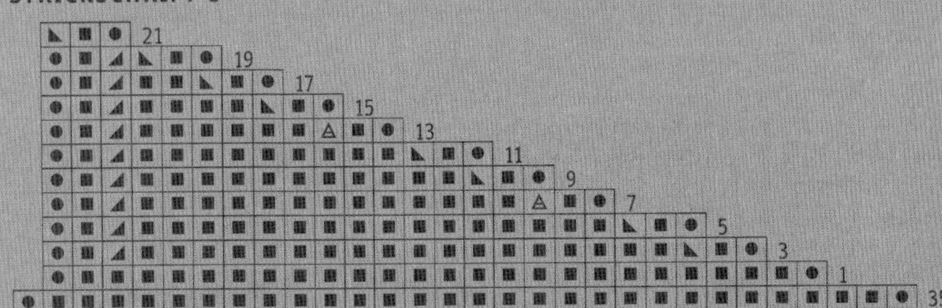

STRICKSCHRIFT C1

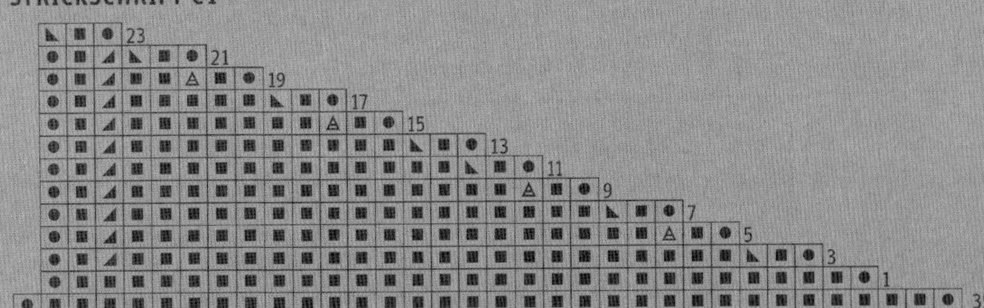

nehmen, dafür jeweils bis zur rückwärtigen Mitte 1x die Maschen von Pfeil a bis b stricken, dann umgekehrt von Pfeil b bis a, dabei dann die Maschen entsprechend nur rechts statt überzogen zusammenstricken. Die 25. Reihe in den Strickschriften zeigt jeweils die vorletzte Reihe vor den Abnahmen. In 17/19 cm (= 20/22) Reihen Raglanhöhe gleichzeitig für den Halsausschnitt die mittleren 12 Maschen abketten und beide Seiten getrennt weiterstricken.
Nach der letzten Raglanabnahme am äußeren Rand die restlichen 3 Maschen abketten. Die andere Seite gegengleich beenden.

LINKES VORDERTEIL

29/31 Maschen mit den Nadeln 15 mm anschlagen und glatt rechts stricken. Die Seitenschrägung am rechten Rand in gleicher Höhe wie am Rückenteil ausführen = 20/22 Maschen. Die Markierung am rechten Rand in gleicher Höhe wie am Rückenteil anbringen. Bereits nach 16 cm (= 18 Reihen) ab Markierung am linken Rand für die Ausschnittschrägung nach Strickschrift B/B1 1 Masche betont abnehmen. Die restlichen Abnahmen für die Schrägung am linken Rand sowie die Abnahmen für den Armausschnitt und die Raglanschrägung am rechten Rand jeweils wie gezeichnet arbeiten. Die Strickschrift B/B1 zeigt das restliche Vorderteil. Nach der letzten Reihe der Strickschrift und der folgenden Rückreihe die restlichen 3/4 Maschen abketten.

RECHTES VORDERTEIL

Gegengleich zum linken Vorderteil stricken, dabei die Maschen rechts statt überzogen zusammenstricken und umgekehrt.

LINKER ÄRMEL

24 Maschen mit den Nadeln 10 mm anschlagen. Für die hohe Blende 12 cm (= 22 Reihen) kraus rechts stricken. Dann mit den Nadeln 15 mm glatt rechts weiterarbeiten. Beidseitig für die Schrägungen in der 9./5. Reihe ab Blende 1 Masche zunehmen, dann in jeder 10./6. Reihe noch 2x/4x je 1 Masche zunehmen = 30/34 Masche. Nach 31 cm (= 36 Reihe) ab Blende die Armkugel mit den Raglanabnahmen nach Strickschrift C/C1 ab der 1. Reihe stricken. Sie zeigt die ganze Kugel.
Nach der 20./22. Reihe für den Halsausschnitt am linken Rand 2 Maschen abketten. Nach der letzten Reihe der Strickschrift und der folgenden Rückreihe die restlichen 3 Maschen abketten.

RECHTER ÄRMEL

Gegengleich zum linken Ärmel stricken, dabei die Maschen rechts statt überzogen zusammenstricken und umgekehrt.

TASCHENBEUTEL

14 Maschen mit den Nadeln 10 mm anschlagen und kraus rechts mit Kettenrand stricken. Nach 18 cm (= 32 Reihen) ab Anschlag alle Maschen abketten. Den 2. Taschenbeutel genauso arbeiten.

FERTIGSTELLEN

Die Teile spannen, anfeuchten und trocknen lassen. Die Taschenbeutel jeweils laut Schnittschema auf die Vorderteile nähen. Seiten- und Ärmelnähte jeweils im Matratzenstich bis zu den Armausschnitten schließen.

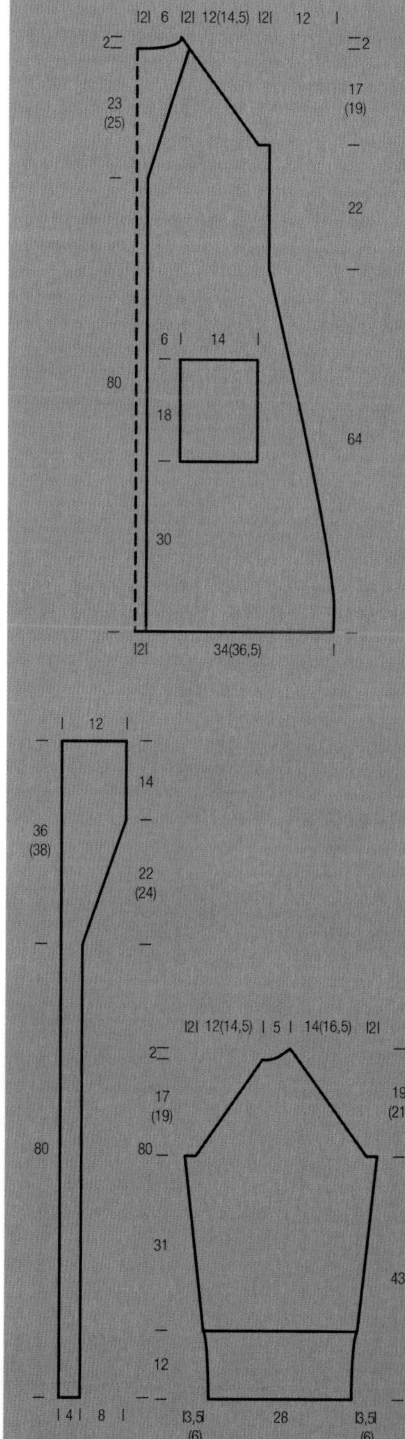

Mit den Nadeln 10 mm für die Raglanblenden je 6 Maschen anschlagen. Für die 2 rückwärtigen Blenden je 22/24 cm (= 40/44 Reihen) kraus rechts stricken, für die 2 vorderen Blenden je 18/20 cm (= 32/36 Reihen) kraus rechts stricken. Dann die Maschen jeweils abketten. Die Blenden mit 1 Schmalseite immer an die abgeketteten Maschen der Armausschnitte von Vorderteil und Ärmel bzw. Ärmel und Rückenteil nähen. Dann jeweils 1 Längsseite an die danebenliegende Raglanschrägung des Rückenteils und Ärmels bzw. des Ärmels und Vorderteils nähen. Somit liegen die Blenden nun jeweils zwischen Ärmel und Vorder- bzw. Ärmel und Rückenteil.
Jetzt für die linke Verschlussblende mit Schalkragen 6 Maschen mit den Nadeln 10 mm anschlagen und kraus rechts mit Knötchenrand stricken. Nach 80 cm (= 144 Reihen) ab Anschlag am rechten Rand für die Kragenform 1 Masche zunehmen, dann in jeder 6. Reihe 5x/3x je 1 Masche und in jeder 8. Reihe noch 1x/3x 1 Masche zunehmen = 13 Maschen.

Nach 22/24 cm (= 40/44 Reihen) ab der 1. Zunahme gerade weiterstricken. Nach 14 cm (= 26 Reihen) ab der letzten Zunahme die Maschen abketten.
Die rechte Verschlussblende mit Schalkragen gegengleich und mit 4 Knopflöchern stricken. Für das 1. Knopfloch nach 49 cm (= 88 Reihen) ab Anschlag die 2 mittleren Maschen abketten und in der folgenden Reihe wieder 2 Maschen dazu anschlagen. Die übrigen 3 Knopflöcher im Abstand von je 10 cm genauso einstricken. Nun die Blenden entsprechend an die Vorderteile nähen, die schmalen langen Teile jeweils bis zum Beginn der Ausschnittschrägung ansetzen, das Stück des Schalkragens mit den Zunahmen jeweils bis zum Ende der vorderen Raglanblende annähen und die restlichen 14 cm bis zur rückwärtigen Ausschnittmitte annähen.
Dann die rückwärtige Kragennaht so schließen, dass sie beim Umlegen des Kragens auf der Unterseite liegt. Zuletzt die Knöpfe annähen.

Im Fachhandel gibt es eine große Auswahl an praktischem und schönem Zubehör zu Ihrem Hobby. Gönnen Sie sich z. B. eine Tasche für Ihre Nadeln, die eine übersichtliche Aufbewahrung ermöglicht.

Schal

FALLMASCHENMUSTER

1. Reihe (= Hinreihe): Rechte Maschen stricken.
2. Reihe (= Rückreihe): Im Wechsel 1 Masche links stricken und 1 Umschlag aufnehmen, enden mit 1 Masche links.
3. Reihe: Die Masche rechts stricken, dazwischen die Umschläge der Vorreihe fallen lassen und die Maschen gleichmäßig lang ziehen.
Die 2. und 3. Reihe stets wiederholen.

! Für 1 Umschlag jeweils den Faden wie beim Linksstricken von vorn nach hinten über die Nadel legen.

ANLEITUNG

19 Maschen mit den Nadeln 9 mm anschlagen und im Fallmaschenmuster stricken. Nach 190 cm ab Anschlag alle Maschen abketten Über die Schmalseiten mit der Häkelnadel je 8 Fransen einknüpfen. Dafür je 4 Fäden à 45 cm zuschneiden, zur Hälfte legen und mit der Häkelnadel durch die Maschen der letzten bzw. 1. Reihe ziehen, Fadenenden jeweils durch die entstandene Schlaufe festziehen. Die fertige Fransenlänge beträgt ca. 20 cm.

Das müssen Sie können ...

FÜR DEN SCHAL

... Maschen anschlagen

... Rechte Maschen stricken

... Linke Maschen stricken

... Umschlag

... Maschen abketten

... Fransen einknüpfen

☆☆☆

GRÖSSE

ca. 190 cm x 26 cm ohne Fransen

MATERIAL

Lana Grossa Lei in Grau meliert (Farbe 12), ca. 300 g

Stricknadeln 9 mm

Häkelnadel 15 mm

MASCHENPROBE

Im Fallmaschenmuster
mit Nadeln 9 mm
6,5 Maschen und 9 Reihen
= 10 cm x 10 cm

PULLI, SNOOD, MÜTZE UND STULPEN

Das müssen Sie können ...

FÜR DEN PULLI

... Maschen anschlagen
... Rechte Maschen stricken
... Linke Maschen stricken
... Maschen abketten
... Naht im Matratzenstich
... Maschen auffassen

FÜR DEN SNOOD

... Maschen anschlagen
... Rechte Maschen stricken
... Maschen abketten
... Naht im Matratzenstich

KRAUS RECHTS

In Hin- und Rückreihen rechte Maschen stricken.

GLATT LINKS

In Hinreihen linke Maschen, in Rückreihen rechte Maschen stricken.

GLATT RECHTS

In Hinreihen rechte Maschen, in Rückreihen linke Maschen stricken.

KNÖTCHENRAND

Die 1. Masche jeder Reihe wie zum Rechtsstricken abheben. Die letzte Masche jeder Reihe rechts stricken.

Pulli in T-Form

! Die Angaben für Größe 36/38 stehen vor dem 1. Schrägstrich, für Größe 40/42 zwischen den Schrägstrichen und für Größe 44/46 nach dem 2. Schrägstrich. Steht nur eine Angabe, gilt sie für alle Größen.

RÜCKENTEIL MIT HALBEN ÄRMELN

72/78/84 Maschen mit den Nadeln 8 mm anschlagen. Für den Rollrand 2 cm (= 4 Reihen) glatt rechts stricken, dabei mit 1 Rückreihe links beginnen. Dann glatt links weiterarbeiten, dabei mit 1 Rückreihe rechte Maschen beginnen. Nach 46/47/48 cm (= 88/90/92 Reihen) ab Rollrandende beidseitig für die Ärmel je 14 Maschen dazu anschlagen = 100/106/112 Maschen. Über alle Maschen gerade weiterstricken. In 19/20/21 cm (= 36/38/40 Reihen) Ärmelhöhe alle Maschen gerade abketten.

VORDERTEIL MIT HALBEN ÄRMELN

Wie das Rückenteil mit halben Ärmeln stricken.

☆☆☆

GRÖSSE

Pulli 36/38, 40/42 und 44/46
Snood ca. 100 cm x 24 cm

MATERIAL

PULLI

Lana Grossa Metoo in Pflaume meliert (Farbe 101), ca. 400/450/500 g

Stricknadeln 7 mm und 8 mm

SNOOD

Lana Grossa Metoo in Pflaume meliert (Farbe 101), ca. 200 g

Stricknadeln 8 mm

MASCHENPROBE

Glatt links mit Nadeln 8 mm
14 Maschen und 19 Reihen = 10 cm x 10 cm

Kraus rechts mit Nadeln 8 mm
16 Maschen und 32 Reihen = 10 cm x 10 cm

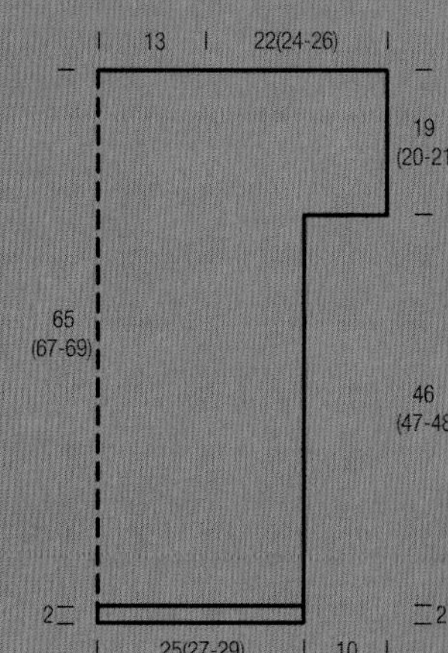

Das müssen Sie können ...

FÜR DIE MÜTZE

... Maschen anschlagen
... Rechte Maschen stricken
... Naht im Matratzenstich
... Maschen auffassen
... Linke Maschen stricken
... In Runden stricken
... Maschen abnehmen
... Maschen abketten
... Pompon

FÜR DIE STULPEN

... Maschen anschlagen
... Rechte Maschen stricken
... Maschen auffassen
... Linke Maschen stricken
... Maschen zunehmen
... Maschen abketten
... Naht im Matratzenstich

FERTIGSTELLEN

Die Teile spannen, anfeuchten und trocknen lassen. Die Schulternähte beidseitig über je 22/24/26 cm schließen. In der Mitte bleiben 26 cm für den Halsausschnitt offen. Nun aus den Ärmelrändern mit den Nadeln 7 mm je 66/70/74 Maschen auffassen. Für die Rollränder je 1,5 cm (= 3 Reihen) glatt rechts stricken, dabei mit 1 Rückreihe linke Maschen beginnen. Dann die Maschen locker abketten. Seiten- und Ärmelnähte im Matratzenstich schließen.

Für die Ärmelblenden mit den Nadeln 7 mm noch je 9 Maschen extra anschlagen und kraus rechts mit Knötchenrand stricken. Nach 38/40/42 cm (= 104/114/124 Reihen) ab Anschlag die Maschen abketten. Jeweils den Anschlag- und Abkettrand der Blenden zusammennähen. Die Blenden mit einem Rand jeweils unter dem Rollrand an die Ärmelränder nähen, dabei darauf achten, dass die Blendennaht jeweils über der unteren Ärmelnaht liegt.

Snood

42 Maschen mit den Nadeln 8 mm anschlagen und kraus rechts mit Knötchenrand stricken. Nach 100 cm ab Anschlag die Maschen locker abketten. Jeweils den Anschlag- und Abkettrand des Teils im Matratzenstich zusammennähen.

Pudelmütze

Zuerst die Blende quer stricken. Dafür 12 Maschen mit den Nadeln 7 mm anschlagen und kraus rechts in Reihen mit Knötchenrand stricken. Nach 42 cm (= 128 Reihen) ab Anschlag alle Maschen abketten. Nun den Anschlag- und Abkettrand der Blende im Matratzenstich zusammennähen.
Dann mit neuem Faden aus einem Blendenrand 64 Maschen auffassen, dabei durch jede Randmasche 1 Masche durchholen. Die Maschen gleichmäßig auf die 4 Nadeln des Nadelspiels verteilen. Danach glatt links in Runden weiterarbeiten. Nach 10 cm (= 25 Runden) ab Blende für die Spitze 8x jede 7. und 8. Masche links zusammenstricken = 56 Maschen. In der folgenden 4. Runde 8x jede 6. und 7. Masche links zusammenstricken = 48 Maschen. In der folgenden 4. Runde 8x jede 5. und 6. Masche links zusammenstricken = 40 Maschen. In der folgenden 2. Runde 8x jede 4. und 5. Masche links zusammenstricken = 32 Maschen. In der folgenden 2. Runde 8x jede 3. und 4. Masche links zusammenstricken = 24 Maschen. In der folgenden 2. Runde 8x jede 2. und 3. Masche links zusammenstricken = 16 Maschen. In der folgenden 2. Runde je 2 Maschen links zusammenstricken = 8 Maschen. Diese 8 Maschen mit dem Fadenende zusammenziehen und sorgfältig vernähen.

Einen Pompon von 8 cm Durchmesser herstellen und an die Mützenspitze nähen.

Armstulpen

Die Pfeile im Schnittschema geben jeweils die Strickrichtung an!
Zuerst die Blende quer stricken. Dafür 14 Maschen mit den Nadeln 7 mm anschlagen und kraus rechts in Reihen mit Knötchenrand stricken. Nach 18/20/22 cm (= 58/64/70 Reihen) ab Anschlag alle Maschen abketten.
Dann mit den Nadeln 8 mm aus einer Längsseite der Blende 28/30/32 Maschen auffassen. Glatt links in Reihen stricken, dabei mit 1 Rückreihe rechte Maschen beginnen. Für die späteren Zunahmen beidseitig die 9. Masche vom Rand aus markieren. In der 6. Reihe ab Blende nach der 1. und vor der 2. markierten Masche je 1 Masche links verschränkt aus dem Querfaden zunehmen. Diese Zunahmen in jeder 8. Reihe noch 3x wiederholen = 36/38/40 Maschen. Nach 18 cm = 35 Reihen ab Blende die Maschen locker abketten. Stulpennaht in rückwärtiger Mitte im Matratzenstich schließen. Die zweite Stulpe genauso stricken.

Möchten Sie einen lieben Menschen mit Selbstgestricktem beschenken? Legen Sie immer eine Garnbanderole mit den Pflegehinweisen zu Ihrem Geschenk dazu.

☆☆☆

GRÖSSE
Mütze Kopfumfang 56-58 cm

MATERIAL
MÜTZE
Lana Grossa Metoo in Pflaume meliert (Farbe 101), ca. 100 g

Stricknadeln 7 mm

Nadelspiel 7 mm

ARMSTULPEN
Lana Grossa Metoo in Pflaume meliert (Farbe 101), ca. 100 g

Stricknadeln 7 mm und 8 mm

MASCHENPROBE
Glatt links mit Nadeln 7 mm 15,5 Maschen und 25 Runden = 10 cm x 10 cm

Kraus rechts mit Nadeln 7 mm 17 Maschen und 31 Reihen = 10 cm x 10 cm

Glatt links mit Nadeln 8 mm 14 Maschen und 19 Reihen = 10 cm x 10 cm

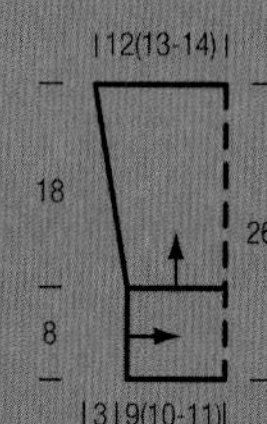

urban

STYLE

SNOOD UND MÜTZE

Das müssen Sie können ...

FÜR DEN SNOOD

... Maschen anschlagen

... Rechte Maschen stricken

... Linke Maschen stricken

... In Runden stricken

... Maschen abketten

FÜR DIE MÜTZE

... Maschen anschlagen

... Rechte Maschen stricken

... Linke Maschen stricken

... Maschen abnehmen

... Naht im Matratzenstich

... Pompon

Jede Strickerin strickt anders – die eine strickt lockerer, die andere arbeitet fest. Verzichten Sie in keinem Fall darauf, eine Maschenprobe zu stricken!

Snood

RIPPENSTRUKTURMUSTER IN RUNDEN

Maschenzahl teilbar durch 6.
1. Runde: Nur rechte Maschen stricken.
2. Runde: 2 Maschen rechts, 4 Maschen links im Wechsel stricken.
Die 1. und 2. Runde fortlaufend wiederholen.

ANLEITUNG

54 Maschen mit der Rundstricknadel anschlagen. Die Maschen zur Runde schließen und im Rippenstrukturmuster stricken. Nach 25 cm (= 32 Runden) ab Anschlag die Maschen locker abketten.

Pudelmütze

RIPPENSTRUKTURMUSTER IN REIHEN

Maschenzahl teilbar durch 6, ohne Randmaschen stricken.
1. Reihe (= Rückreihe): 2 Maschen rechts, *2 Maschen links, 4 Maschen rechts, ab * fortlaufend wiederholen, enden mit 2 Maschen links, 2 Maschen rechts.
2. Reihe (= Hinreihe): Nur rechte Maschen stricken.
Die 1. und 2. Reihe fortlaufend wiederholen.

ANLEITUNG

Die Mütze zunächst als flaches Teil stricken und hinterher mit einer Naht in der rückwärtigen Mitte im Matratzenstich schließen. Dafür 42 Maschen anschlagen und im Rippenstrukturmuster in Reihen stricken. Nach 14,5 cm (= 23 Reihen) ab Anschlag für die Mützenspitze 9 Reihen wie folgt stricken und dabei Maschen abnehmen:
1. Reihe (= Hinreihe): 2 Maschen rechts zusammenstricken, *2 Maschen rechts, 2x je 2 Maschen rechts zusammenstricken, ab * stets wiederholen, enden mit 2 Maschen rechts und 2 Maschen rechts zusammenstricken = 28 Maschen.
2. Reihe (= Rückreihe): 1 Masche rechts, 2 Maschen links, 2 Maschen rechts im Wechsel stricken, mit 2 Maschen links, 1 Masche rechts enden = 28 Maschen.
3. Reihe: Nur rechte Maschen stricken.
4. Reihe: Wie die 2. Reihe stricken.
5. Reihe: 3 Maschen rechts, *2 Maschen rechts zusammenstricken, 2 Maschen rechts, ab * stets wiederholen, enden mit 2 Maschen rechts zusammenstricken und 3 Maschen rechts = 22 Maschen.
6. Reihe: 1 Masche rechts, 2 Maschen links im Wechsel stricken, enden mit 1 Masche rechts.
7. Reihe: 1 Masche rechts, 2 Maschen rechts im Wechsel zusammenstricken, enden mit 1 Masche rechts = 15 Maschen.
8. Reihe: 1 Masche rechts, 1 Masche links im Wechsel stricken, enden mit 1 Masche rechts.
In der 9. Reihe 7x je 2 Maschen rechts zusammenstricken, enden mit 1 Masche rechts. Die restlichen 8 Maschen mit dem Fadenende zusammenziehen und den Endfaden sorgfältig vernähen. Mit einem farblich passenden, dünneren Garn die rückwärtige Naht im Matratzenstich schließen. Einen Pompon mit 10 cm Durchmesser anfertigen und an die Mützenspitze nähen. Durch die Stricktechnik entsteht am Anschlagrand eine leichte Zackenform.

☆☆☆

GRÖSSE

Snood Umfang ca. 72 cm, 25 cm hoch
Mütze Kopfumfang ca. 56-58 cm

MATERIAL

SNOOD

Lana Grossa Lei Color in Royal/Aubergine (Farbe 104), ca. 150 g

Rundstricknadel 12 mm, 60 cm lang

MÜTZE

Lana Grossa Lei Color in Royal/Aubergine (Farbe 104), ca. 100 g

Stricknadeln 10 mm

MASCHENPROBE

Im Rippenstrukturmuster mit Nadeln 12 mm
8 Maschen und 13 Runden = 10 cm x 10 cm

Im Rippenstrukturmuster mit Nadeln 10 mm
9 Maschen und 16 Reihen = 10 cm x 10 cm

☆☆☆

GRÖSSE
Poncho für Größe 36 bis 44

MATERIAL
Lana Grossa Lei Color in Royal/Aubergine (Farbe 104), ca. 1000 g

Stricknadeln 12 mm

Häkelnadel 8 mm

MASCHENPROBE
Im Rippenstrukturmuster mit Nadeln 12 mm 8 Maschen und 13 Reihen = 10 cm x 10 cm

Das müssen Sie können ...

FÜR DEN PONCHO

- ... Maschen anschlagen
- ... Rechte Maschen stricken
- ... Linke Maschen stricken
- ... Maschen abketten
- ... Naht im Matratzenstich
- ... Kettmaschen häkeln
- ... Feste Maschen häkeln
- ... Luftmaschen häkeln

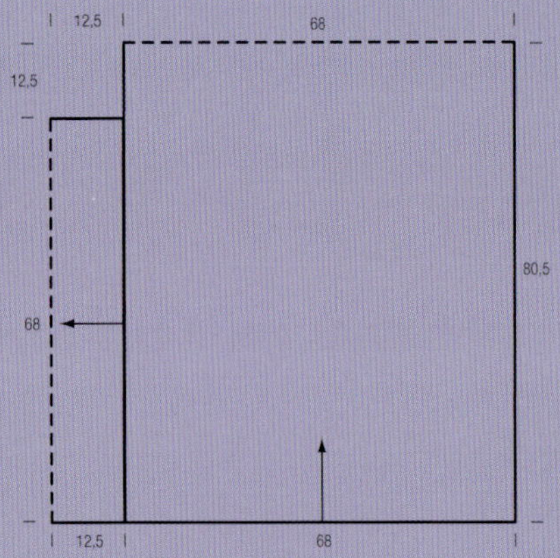

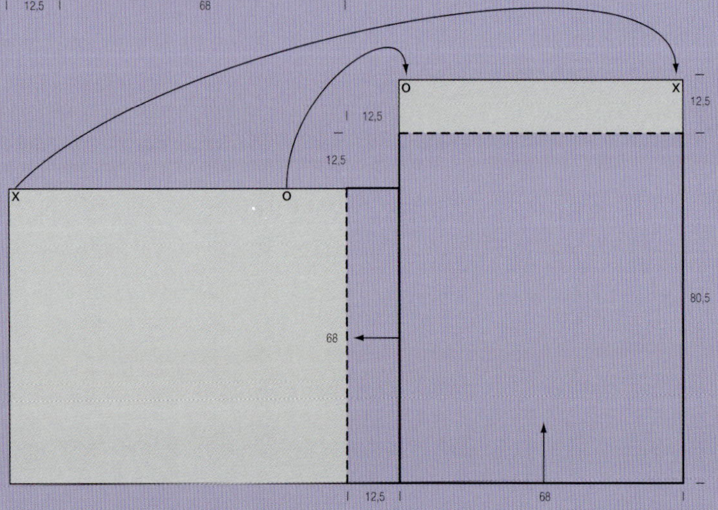

PONCHO

RIPPENSTRUKTURMUSTER

Maschenzahl teilbar durch 6, ohne Randmaschen stricken:

1. Reihe (= Rückreihe): 2 Maschen rechts, *2 Maschen links, 4 Maschen rechts, ab * fortlaufend wiederholen, enden mit 2 Maschen links, 2 Maschen rechts.

2. Reihe (= Hinreihe): Nur rechte Maschen stricken.

Die 1. und 2. Reihe fortlaufend wiederholen.

PICOT

3 Luftmaschen häkeln. Dann 1 feste Masche zurück in die 1. Luftmasche häkeln.

ANLEITUNG

Die Pfeile im Schnittschema geben jeweils die Strickrichtung an!

RÜCKENTEIL

54 Maschen mit den Nadeln 12 mm anschlagen und im Rippenstrukturmuster stricken. Nach 93 cm (= 121 Reihen) ab Anschlag die Maschen locker abketten.

VORDERTEIL

Wie das Rückenteil stricken.

FERTIGSTELLEN

Die Teile spannen, anfeuchten und trocknen lassen. Beide Teile laut Schnittschema im Matratzenstich zusammennähen. Die grau unterlegten Flächen zeigen das Rückenteil, die anderen das Vorderteil. Die gebogenen Pfeile deuten an, wie die Rechtecke umgeklappt werden, dabei treffen die Markierungen aufeinander. Jedes Rechteck wird mit einer Schmalseite an eine Längsseite des anderen Rechtecks genäht. Die kleinere Zeichnung zeigt den zusammengesetzten Poncho. Die gestrichelten Linien deuten die Schulterlinien an, die obere Öffnung ist der Halsausschnitt. Mit der Häkelnadel um den Halsausschnittrand 1 Runde Kettmaschen häkeln, damit er in Form bleibt. Nun den unteren Ponchorand mit 1 Runde fester Maschen überhäkeln, dabei in jede Eckmasche an der vorderen und rückwärtigen Spitze je 3 feste Maschen in 1 Einstichstelle häkeln. Dann noch 1 Runde aus je 1 festen Masche und 1 Picot im Wechsel häkeln, dabei jeweils die feste Masche in 1 Masche der Vorrunde arbeiten und mit dem Picot jeweils 1 Masche der Vorrunde übergehen. Die Runden immer mit 1 Kettmasche schließen.

Das müssen Sie können ...

FÜR DIE LONGJACKE

- ... Maschen anschlagen
- ... Rechte Maschen stricken
- ... Linke Maschen stricken
- ... Maschen abketten
- ... Naht im Matratzenstich
- ... Luftmaschen häkeln
- ... Feste Maschen häkeln
- ... Maschen auffassen

RIPPENMUSTER

In den Hinreihen 2 Maschen rechts, 2 Maschen links im Wechsel stricken. In den Rückreihen die Maschen stricken wie sie erscheinen.

FESTE MASCHEN

Über einen Luftmaschen-Anschlag in Reihen häkeln. Die 1. feste Masche in die 2. Luftmasche ab der Nadel arbeiten. Dann in jede Luftmasche des Anschlags 1 feste Masche häkeln. Zur 2. und jeder folgenden Reihe mit 1 Luftmasche wenden. Dann wieder in jede Masche der Vorreihe 1 feste Masche arbeiten. Die Anzahl der festen Maschen bleibt in jeder Reihe gleich.

LONGJACKE

! Die Angaben für Größe 36/38 stehen vor dem 1. Schrägstrich, für Größe 40/42 zwischen den Schrägstrichen und für Größe 44/46 nach dem 2. Schrägstrich. Steht nur eine Angabe, gilt sie für alle Größen.

ANLEITUNG

Die Pfeile im Schnittschema geben jeweils die Arbeitsrichtung an!

RÜCKENTEIL

Zunächst das obere Rückenteil ohne Bund häkeln. Dafür 38/41/44 Luftmaschen mit der Häkelnadel anschlagen. Feste Maschen in Reihen häkeln = 37/40/43 feste Maschen pro Reihe. Nach 52 cm (= 42 Reihen) ab Anschlag beidseitig den Beginn der Armausschnitte mit einem andersfarbigen Garn markieren. Dann gerade weiterhäkeln. In 18/19/20 cm (= 14/15/16 Reihen) Armausschnitthöhe die Arbeit beenden, dafür nach der letzten Masche den Faden nochmals durch die Schlinge ziehen und fest anziehen.

☆☆☆

GRÖSSE

36/38, 40/42 und 44/46

MATERIAL

Lana Grossa Lei in Taupe (Farbe 13), 1050/1100/1150 g

Rundstricknadel 12 mm, 100 cm lang

Häkelnadel 12 mm

MASCHENPROBE

Mit Häkelnadel 12 mm 7 feste Maschen und 8 Reihen = 10 cm x 10 cm

Im Rippenmuster mit Nadeln 12 mm 9 Maschen und 14 Reihen = 10 cm x 10 cm

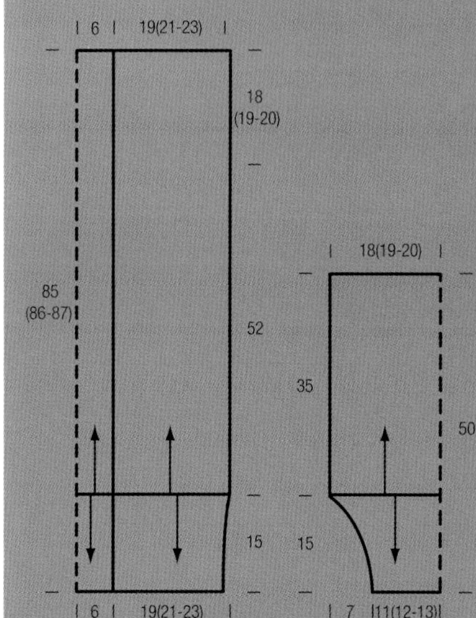

Nun mit der Rundstricknadel aus dem Anschlagrand des Rückenteils von der Vorderseite her 38/42/46 Maschen auffassen. Für den hohen Bund im Rippenmuster in Reihen stricken, dabei mit 1 Rückreihe beginnen und die Maschen wie folgt einteilen: Randmasche, 1 Masche links, dann 2 Maschen rechts, 2 Maschen links im Wechsel stricken, enden mit 2 Maschen rechts, 1 Masche links, Randmasche. In 15 cm (= 21 Reihen) Bündchenhöhe die Maschen locker abketten wie sie erscheinen, also rechte Maschen rechts und linke Maschen links.

LINKES VORDERTEIL

Zunächst das obere Vorderteil ohne Bund häkeln. Dafür 17/18/19 Luftmaschen mit der Häkelnadel anschlagen. Dann feste Maschen in Reihen häkeln = 16/17/18 feste Maschen pro Reihe. Den Armausschnitt am rechten Rand in gleicher Höhe wie am Rückenteil markieren und gerade weiterhäkeln.

In 18/19/20 cm = 14/15/16 Reihen Armausschnitthöhe die Arbeit wie am Rückenteil beenden. Nun mit der Rundstricknadel aus dem Anschlagrand des Vorderteils von der Vorderseite her 17/19/21 Maschen auffassen. Den hohen Bund im Rippenmuster in Reihen stricken, dabei mit 1 Rückreihe beginnen und die Maschen wie folgt einteilen: Randmasche, 1 Masche links, dann 2 Maschen rechts, 2 Maschen links im Wechsel stricken, enden mit 2 Maschen rechts/2 Maschen rechts, 2 Maschen links/2 Maschen rechts, Randmasche. In 15 cm (= 21 Reihen) Bündchenhöhe die Maschen locker abketten, wie sie erscheinen, also rechte Maschen rechts und linke Maschen links.

RECHTES VORDERTEIL

Gegengleich zum linken Vorderteil häkeln und stricken.

ÄRMEL

Zunächst den oberen Ärmelteil ohne Bund häkeln. Dafür 28/30/32 Luftmaschen mit der Häkelnadel anschlagen. Feste Maschen in Reihen häkeln = 27/29/31 Maschen pro Reihe. Nach 35 cm (= 28 Reihen) ab Anschlag die Arbeit wie am Rückenteil beenden.

Nun mit der Rundstricknadel aus dem Anschlagrand des oberen Ärmelteils von der Vorderseite her 28/30/32 Maschen auffassen. Für den hohen Bund im Rippenmuster in Reihen stricken, dabei mit 1 Rückreihe beginnen und die Maschen wie folgt einteilen: Randmasche, 2 Maschen rechts/1 Masche rechts/2 Maschen rechts, dann 2 Maschen links, 2 Maschen rechts im Wechsel stricken, enden mit 2 Maschen links, 2 Maschen rechts/1 Masche rechts/2 Maschen rechts, Randmasche. In 15 cm (= 21 Reihen) Bündchenhöhe die Maschen locker abketten, wie sie erscheinen, siehe Rückenteil. Den 2. Ärmel genauso arbeiten.

FERTIGSTELLEN

Alle Teile spannen, anfeuchten und trocknen lassen. Seiten- und Ärmelnähte im Matratzenstich schließen, die Seitennähte jedoch nur bis zu den Markierungen. Die Schulternähte beidseitig über je 19/21/23 cm schließen. Nun mit der Rundstricknadel 12 mm aus den senkrechten Vorderteilrändern und dem rückwärtigen Halsausschnittrand 176/180/184 Maschen auffassen. Für die Blende im Rippenmuster in Reihen stricken, dabei mit 1 Rückreihe beginnen und die Maschen wie folgt einteilen: Randmasche, 2 Maschen rechts, dann 2 Maschen links, 2 Maschen rechts im Wechsel stricken, enden mit der Randmasche. In 12 cm (= 15 Reihen) Blendenhöhe die Maschen locker abketten wie sie erscheinen, siehe Rückenteil. Die Ärmel einsetzen.

Für den Bindegürtel 106/113/120 Luftmaschen mit der Häkelnadel anschlagen. Feste Maschen in Reihen häkeln = 105/112/119 feste Maschen – ca. 150/160/170 cm lang. In 3 cm (= 3 Reihen) Gürtelbreite das Teil beenden. Für die Gürtelschlaufen noch 2 Luftmaschenketten aus je 7 Luftmaschen häkeln. Die Schlaufen beidseitig in Taillenhöhe annähen und den Gürtel einziehen.

Machen Sie es sich beim Stricken gemütlich! Sorgen Sie für gute Beleuchtung, einen bequemen Platz und vielleicht sogar etwas entspannende Musik. Dann fällt Ihnen der Einstieg gleich viel leichter.

KURZJACKE UND MÜTZE

Das müssen Sie können ...

FÜR DIE JACKE

- ... Maschen anschlagen
- ... Rechte Maschen stricken
- ... Linke Maschen stricken
- ... Umschlag
- ... Maschen abnehmen
- ... Maschen zunehmen
- ... Rechts verschränkte Maschen stricken
- ... Maschen abketten
- ... Naht im Matratzenstich
- ... Maschen auffassen

FÜR DIE MÜTZE

- ... Maschen anschlagen
- ... Rechte Maschen stricken
- ... Linke Maschen stricken
- ... In Runden stricken
- ... Maschen abnehmen
- ... Maschen zunehmen
- ... Rechts verschränkte Maschen stricken

GLATT RECHTS

In Hinreihen rechte Maschen, in Rückreihen linke Maschen stricken. In Runden nur rechte Maschen stricken.

BETONTE ABNAHMEN

Rechter Rand: Randmasche, 2 Maschen rechts zusammenstricken.
Linker Rand: 2 Maschen überzogen zusammenstricken = 1 Masche wie zum Rechtsstricken abheben, die folgende Masche rechts stricken und die abgehobene Masche darüberziehen, Randmasche.

BETONTE ZUNAHMEN

Rechter Rand: Randmasche, 1 Masche rechts, aus dem folgenden Querfaden 1 Masche rechts verschränkt herausstricken.
Linker Rand: Aus dem Querfaden 1 Masche rechts verschränkt herausstricken, 1 Masche rechts, Randmasche.

! Die Angaben für die kleinere Größe stehen vor, für die größere Größe nach dem Schrägstrich. Steht nur eine Angabe, gilt sie für beide Größen.

Jacke

Die Jacke zunächst in 2 Teilen quer stricken, dabei jeweils vom Ärmel bis zur rückwärtigen bzw. vorderen Mitte stricken. Der Pfeil im Schnittschema gibt die Strickrichtung an.

GRÖSSE

Jacke 36/38 und 40/42
Mütze Kopfumfang 56-58 cm

MATERIAL KURZJACKE

Lana Grossa Lei Color in Zyklam/Violett (Farbe 101), ca. 400/450/500 g

Stricknadeln 12 mm

Rundstricknadel 12 mm, 80 cm lang

2 Knöpfe in Zyklam meliert, ø 30 mm

MÜTZE

Lana Grossa Lei Color in Zyklam/Violett (Farbe 101), ca. 100 g

Rundstricknadel 12 mm, 40 cm lang

Nadelspiel 12 mm

MASCHENPROBE

Glatt rechts mit Nadeln 12 mm
9 Maschen und 13 Reihen = 10 cm x 10 cm

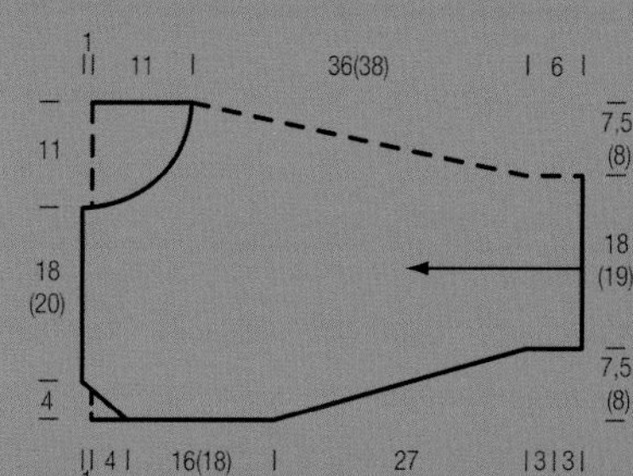

LINKER ÄRMEL MIT RÜCKENTEIL-HÄLFTE UND LINKEM VORDERTEIL

Mit dem linken Ärmel beginnen und 34/36 Maschen mit Nadeln 12 mm anschlagen. 1 Rückreihe linke Maschen, dann glatt rechts stricken, dabei die 2 mittleren Maschen markieren. Nach 6 cm (= 9 Reihen) ab Anschlag beidseitig für die Schrägungen 1 Masche betont zunehmen und zusätzlich für die entsprechende Ärmelweite und spätere Schulterschrägung vor und nach den 2 markierten Mittelmaschen je 1 Masche rechts verschränkt aus dem Querfaden herausstricken. Die Zunahmen beidseitig für die Schrägungen in jeder 6. Reihe 3x/2x und in jeder 4. Reihe noch 3x/5x wiederholen, die Zunahmen beiderseits der 2 Mittelmaschen in jeder 6. Reihe noch 6x/7x wiederholen = 62/68 Maschen.
Bereits nach 27 cm (= 36 Reihen) ab der 1. Zunahme beidseitig das Ärmelende markieren und an den Rändern gerade weiterstricken. Nach 36/38 cm (= 46/50 Reihen) ab der 1. Zunahme für den Halsausschnitt die Arbeit in der Mitte teilen und beide Seiten getrennt weiterstricken. Zunächst die 31/34 Maschen am linken Rand für das linke Vorderteil stilllegen. Dann das Rückenteil über die restlichen 31/34 Maschen fortsetzen. In 11 cm (= 14 Reihen) Halsausschnittbreite ist die rückwärtige Mitte erreicht. Vorerst die Maschen stilllegen.
Nun das linke Vorderteil über die stillgelegten 31/34 Maschen fortsetzen, dabei am rechten Rand für den Halsausschnitt 3 Maschen abketten, dann in jeder 2. Reihe 2x je 2 Maschen und 2x je 1 Masche und in der folgenden 4. Reihe noch 1x 1 Masche abketten.
Bereits in 7 cm (= 10 Reihen) Halsausschnittbreite am linken Rand (= unterer Vorderteilrand) für die Schrägung 1 Masche betont abnehmen, dann in jeder 2. Reihe noch 2x je 1 Masche betont abnehmen. In der folgenden Rückreihe die restlichen 18/21 Maschen rechts stricken und gleichzeitig die Maschen abketten.

RECHTER ÄRMEL MIT RÜCKENTEIL-HÄLFTE UND RECHTEM VORDERTEIL

Gegengleich stricken und 2 Knopflöcher einarbeiten. Dafür gleichzeitig in der Reihe mit der letzten betonten Abnahme gleichmäßig verteilt 2x je 1 Umschlag auf die Nadel nehmen und jeweils 2 Maschen rechts zusammenstricken.

FERTIGSTELLEN

Die Teile spannen, anfeuchten und trocknen lassen. Die rückwärtige Mittelnaht im Maschenstich verbinden. Ärmelnähte stets nur bis zu den Markierungen schließen, dabei am Ärmelbeginn jeweils für den Rollrand 3 cm auf der Außenseite schließen. Die Ränder nach außen rollen. Dann mit der Rundstricknadel aus dem Halsausschnittrand 50 Maschen auffassen.
Für den Kragen glatt rechts in Reihen stricken, dabei mit 1 Rückreihe linke Maschen beginnen. Für die Rundungen beidseitig in der 12. und 14. Kragenreihe je 1 Masche betont abnehmen = 46 Maschen.
In 13 cm = (17 Reihen) Kragenhöhe ist die Kragenmitte erreicht. Die innere Kragenhälfte gegengleich anstricken, dafür in der 3. und 5. Kragenreihe nach der Mitte beidseitig je 1 Masche betont zunehmen = 50 Maschen. Nach 13 cm (= 17 Reihen) ab Kragenmitte die Maschen locker links abketten. Den Kragen zur Hälfte nach innen umlegen und gegennähen, die Knöpfe annähen.

Mütze

Die Mütze wird in Runden gestrickt. Dafür 40 Maschen mit der Rundstricknadel anschlagen und die Maschen zur Runde schließen. Für das Bündchen 4 cm (= 5 Runden) im Rippenmuster stricken. Dann glatt rechts in Runden weiterarbeiten. Für die Form in der 4. Runde nach je 5 Maschen 1 Masche rechts verschränkt aus dem Querfaden herausstricken = 48 Maschen. In der 8. Runde ebenfalls gleichmäßig verteilt 8 Maschen wie in der 4. Runde zunehmen, dabei die Zunahmestellen jedoch versetzen = 56 Maschen. Nach 9 cm (= 12 Runden) ab Bund für die Mützenspitze jede 6. und 7. Masche rechts zusammenstricken = 48 Maschen. In der 15. Runde jede 5. und 6. Masche rechts zusammenstricken = 40 Maschen. In der 17. Runde jede 4. und 5. Masche rechts zusammenstricken = 32 Maschen. In der 19. Runde jede 3. und 4. Masche rechts zusammenstricken = 24 Maschen. In der 21. Runde jede 2. und 3. Masche rechts zusammenstricken = 16 Maschen. In der 23. Runde je 2 Maschen rechts zusammenstricken = 8 Maschen. In der 25. Runde je 2 Maschen rechts zusammenstricken. Bei abnehmender Maschenzahl mit dem Nadelspiel weiterarbeiten, dabei die Maschen gleichmäßig auf 4 Nadeln verteilen. Über die restlichen 4 Maschen noch 3 Runden rechte Maschen stricken. Dann die Maschen mit dem Arbeitsfaden zusammenziehen. Das Fadenende sorgfältig vernähen.

SCHAL UND RAGLANMANTEL

Schal

FALLMASCHENMUSTER

1. Reihe (= Hinreihe): Rechte Maschen stricken.
2. Reihe (= Rückreihe): Im Wechsel 1 Masche links stricken und 1 Umschlag aufnehmen, enden mit 1 Masche links.
3. Reihe: Die Masche rechts stricken, dazwischen die Umschläge der Vorreihe fallen lassen und die Maschen gleichmäßig lang ziehen.

Die 2. und 3. Reihe fortlaufend wiederholen.

KNÖTCHENRAND

Die 1. Masche jeder Reihe wie zum Rechtsstricken abheben. Die letzte Masche jeder Reihe rechts stricken.

ANLEITUNG

19 Maschen mit den Nadeln 9 mm anschlagen. Im Fallmaschenmuster mit Knötchenrand stricken, dafür die 1. Masche jeder Reihe wie zum Rechtsstricken abheben, die letzte Masche jeder Reihe rechts stricken. Nach 165 cm ab Anschlag alle Maschen abketten.

Über die Schmalseiten mit der Häkelnadel je 8 Fransen einknüpfen. Dafür je 3 Fäden à 32 cm zuschneiden, zur Hälfte legen und mit der Häkelnadel durch die Maschen der letzten bzw. 1. Reihe ziehen, die Fadenenden jeweils durch die entstandene Schlaufe festziehen. Die fertige Fransenlänge beträgt ca. 15 cm.

Wählen Sie für Ihr erstes Modell ein kleineres Projekt aus, bei dem Sie schnell Ihre Fortschritte sehen. Ideal ist ein weicher Schal aus dickem Wollgarn.

Das müssen Sie können ...

FÜR DEN SCHAL

...Maschen anschlagen

...Rechte Maschen stricken

...Linke Maschen stricken

...Umschlag

...Maschen abketten

...Fransen einknüpfen

☆☆☆

GRÖSSE
ca. 165 cm x 26 cm ohne Fransen

MATERIAL
Lana Grossa Lei Print in Aubergine/Petrol/Pflaume (Farbe 303), ca. 250 g

Stricknadeln 9 mm

Häkelnadel 15 mm

MASCHENPROBE
Im Fallmaschenmuster mit Nadeln 9 mm
6,5 Maschen und 9 Reihen = 10 cm x 10 cm

Das müssen Sie können ...

FÜR DEN MANTEL

- ... Maschen anschlagen
- ... Rechte Maschen stricken
- ... Linke Maschen stricken
- ... Rechts verschränkte Maschen stricken
- ... Maschen abnehmen
- ... Maschen zunehmen
- ... Maschen abketten
- ... Naht im Matratzenstich
- ... Maschen auffassen

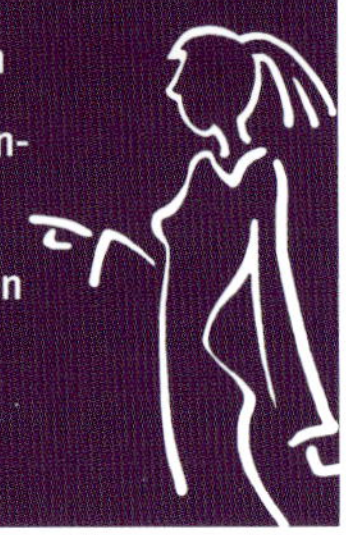

Raglanmantel

KETTENRAND

Die 1. Masche jeder Reihe rechts verschränkt stricken, dabei in die rechte Masche von hinten einstechen, damit sie sich verdreht. Die letzte Masche jeder Reihe wie zum Linksstricken abheben, dabei den Faden vor der Masche weiterführen.

KRAUS RECHTS

In Hin- und Rückreihen rechte Maschen stricken.

GLATT RECHTS

In Hinreihen rechte Maschen, in Rückreihen linke Maschen stricken.

BETONTE ABNAHMEN

Rechter Rand: Randmasche, 1 Masche rechts, 2 bzw. 3 Maschen überzogen zusammenstricken = 1 Masche wie zum Rechtsstricken abheben, die folgende Masche rechts stricken bzw. die 2 folgenden Maschen rechts zusammenstricken und die abgehobene Masche darüberziehen. Linker Rand: 2 bzw. 3 Maschen rechts zusammenstricken, 1 Masche rechts, Randmasche. Es wird 1 Masche bzw. werden 2 Maschen beidseitig abgenommen.

! Die Angaben für die kleinere Größe stehen vor, für die größere Größe nach dem Schrägstrich. Steht nur eine Angabe, gilt diese für beide Größen.

ANLEITUNG

RÜCKENTEIL

50/54 Maschen mit den Nadeln 15 mm anschlagen. Für die Saumblende 1,5 cm (= 2 Reihen) kraus rechts stricken. Dann glatt rechts weiterarbeiten. Für die Schrägungen beidseitig in der 7. Reihe ab Blende 1 Masche betont abnehmen, dann in jeder 6. Reihe noch 4x je 1 Masche betont abnehmen = 40/44 Maschen. Nach 31 cm (= 34 Reihen) ab Blende für die Zwischenblende mit den Nadeln 12 mm kraus rechts stricken. In 10 cm (= 18 Reihen) Blendenhöhe wieder glatt rechts mit den Nadeln 15 mm weiterarbeiten. Nach 17 cm (= 20 Reihen) ab Ende der Zwischenblende beidseitig für die Armausschnitte 2 Maschen abketten, dann beidseitig für die Raglanschrägungen in jeder 2. Reihe *2x je 1 Masche und 1x 2 Maschen betont abnehmen, ab * 1x/2x wiederholen, dann noch 3x/1x je 1 Masche betont abnehmen.
In 18/20 cm (= 20/22 Reihen) Raglanhöhe die restlichen 14 Maschen für den geraden Halsausschnittrand abketten.

LINKES VORDERTEIL

24/26 Maschen mit den Nadeln 15 mm anschlagen. Für die Saumblende 1,5 cm (= 2 Reihen) kraus rechts stricken. Dann glatt rechts weiterarbeiten. Die Seitenschrägung am rechten Rand in gleicher Höhe wie am Rückenteil ausführen = 19/21 Maschen.
Die Zwischenblende in gleicher Höhe wie am Rückenteil kraus rechts stricken. Danach wieder glatt rechts weiterarbeiten, dabei stets die Nadelstärke beachten! Die Abnahmen für den Armausschnitt und die Raglanschrägung am rechten Rand jeweils in gleicher Höhe wie am Rückenteil arbeiten, bei der Raglanschrägung jedoch die letzte Abnahme weglassen.

Bereits in 11/13 cm (= 12/14 Reihen) Raglanhöhe am linken Rand für den Halsausschnitt 2 Maschen abketten, dann in der 2. Reihe noch 1x 2 Maschen abketten Nach der letzten Raglanabnahme die restlichen 3 Maschen abketten.

RECHTES VORDERTEIL

Gegengleich zum linken Vorderteil stricken.

LINKER ÄRMEL

26 Maschen mit den Nadeln 12 mm anschlagen. Für die Blende 1,5 cm (= 2 Reihen) kraus rechts stricken. Dann mit den Nadeln 15 mm glatt rechts weiterarbeiten. Beidseitig für die Schrägungen in der 9. Reihe ab Blende 1 Masche zunehmen, dann in jeder 12./8. Reihe noch 2x/4x je 1 Masche zunehmen = 32/36 Maschen. Nach 41,5 cm (= 46 Reihen) ab Blende beidseitig für die Armausschnitte 2 Maschen abketten, dann in jeder 2. Reihe die Raglanschrägung am rechten Rand wie am Rückenteil, am linken Rand wie am Vorderteil ausführen.

In 16/18 cm (= 18/20 cm Reihen) Raglanhöhe für den Halsausschnitt am linken Rand 4 Maschen abketten Nach der letzten Raglanabnahme am rechten Rand die restlichen 3 Maschen abketten.

RECHTER ÄRMEL

Gegengleich zum linken Ärmel stricken.

FERTIGSTELLEN

Die Teile spannen, anfeuchten und trocknen lassen. Seiten- und Ärmelnähte jeweils bis zu den Armausschnitten im Matratzenstich schließen. Mit den Nadeln 12 mm für die Raglanblenden je 6 Maschen anschlagen. Für die 2 rückwärtigen Blenden je 21/23 cm (= 38/42 Reihen) kraus rechts stricken, für die 2 vorderen Blenden je 18/20 cm (= 32/36 Reihen) kraus rechts stricken. Dann die Maschen jeweils abketten.

Die Blenden mit 1 Schmalseite immer an die abgeketteten Maschen der Armausschnitte von Vorderteil und Ärmel bzw. Ärmel und Rückenteil nähen. Dann jeweils 1 Längsseite an die danebenliegende Raglanschrägung des Rückenteils und Ärmels bzw. des Ärmels und Vorderteils nähen. Nun für die linke Verschlussblende 6 Maschen mit den Nadeln 12 mm anschlagen und kraus rechts mit Kettenrand stricken Nach 70,5/72,5 cm (= 128/132 Reihen) ab Anschlag die Maschen abketten.

Die rechte Verschlussblende genauso stricken, jedoch mit 7 Knopflöchern. Für das 1. Knopfloch nach 5 cm (= in der 9. Reihe) ab Anschlag die 2 mittleren Masche abketten und in der folgenden Reihe wieder 2 Maschen dazu anschlagen. Die übrigen 6 Knopflöcher im Abstand von je 10,5 cm genauso einstricken. Nun die Blenden entsprechend an die Vorderteile nähen.

Dann mit der Rundstricknadel 12 mm aus dem Halsausschnittrand bis beidseitig über je 2 Maschen der Verschlussblenden insgesamt 44 Maschen von der Außenseite auffassen.

Für den Kragen kraus rechts mit Kettenrand in Reihen stricken. In 12 cm Kragenhöhe alle Maschen locker abketten. Die Knöpfe annähen.

Nach Belieben die Knopflöcher mit Knopflochstichen umstechen.

☆☆☆

GRÖSSE

36/38 und 40/42

MATERIAL

Lana Grossa Lei Print in Aubergine/Petrol/Pflaume (Farbe 303), ca. 900/950 g

Stricknadeln 12 mm und 15 mm

Rundstricknadel 12 mm, 60 cm lang

7 Knöpfe in Grau, Durchmesser 28 cm

MASCHENPROBE

Glatt rechts mit Nadeln 15 mm
8 Maschen und 11 Reihen = 10 cm x 10 cm

Kraus rechts mit Nadeln 12 mm
9 Maschen und 18 Reihen = 10 cm x 10 cm

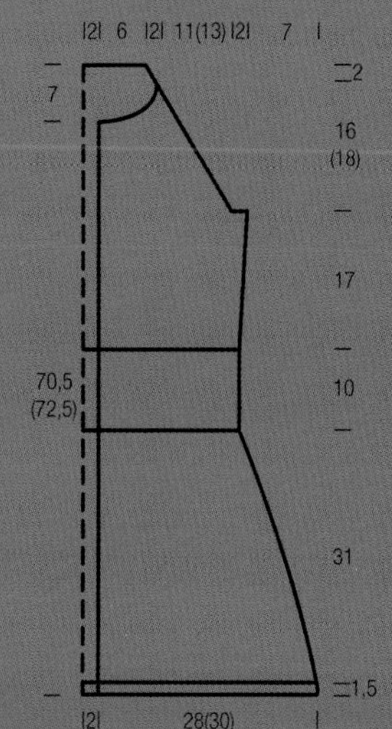

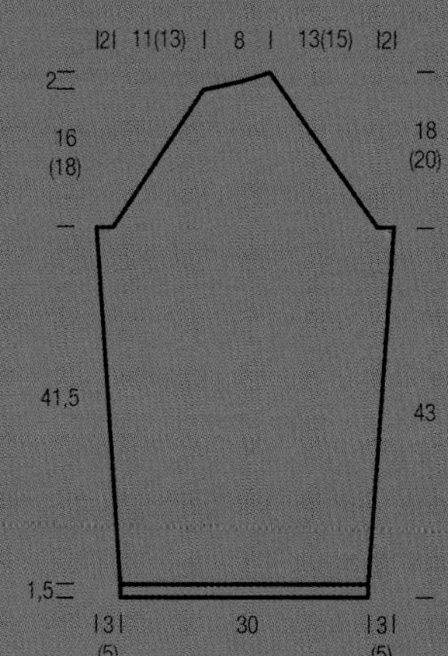

MÜTZE UND ÄRMELLOSE WESTE

Das müssen Sie können ...

FÜR DIE MÜTZE

- ... Maschen anschlagen
- ... Rechte Maschen stricken
- ... Linke Maschen stricken
- ... Wendemaschen
- ... Maschen abketten
- ... Maschen auffassen
- ... Naht im Matratzenstich

☆☆☆

GRÖSSE

Mütze Kopfumfang 56-58 cm

MATERIAL

Lana Grossa Metoo in Aubergine (Farbe 06), ca. 100 g

Stricknadeln 6 mm und 8 mm

MASCHENPROBE

Kraus rechts mit Nadeln 8 mm
14 Maschen und 26 Reihen = 10 cm x 10 cm

Mütze

RIPPENMUSTER

In Hinreihen 2 Maschen rechts, 2 Maschen links im Wechsel stricken. In Rückreihen die Maschen stricken wie sie erscheinen.

KRAUS RECHTS

Ohne Randmaschen in Hin- und Rückreihen rechte Maschen stricken.

VERKÜRZTE REIHEN MIT WENDEMASCHEN

Für eine verkürzte Reihe eine Hinreihe nicht zu Ende stricken und die Arbeit wenden. In der folgenden Rückreihe die 1. Masche wie zum Linksstricken abheben, dabei den Faden vor die Arbeit nehmen und straff nach hinten ziehen. So legen sich automatisch bei der 1. Masche 2 Schlingen auf die Nadel (=Wendemasche). Um Löcher zu vermeiden die folgende Masche fest rechts stricken. In der nächsten Reihe (= Hinreihe) die Wendemasche aus 2 Schlingen einfach als 1 Masche rechts zusammenstricken.

ANLEITUNG

Die Mütze zunächst quer stricken, dann in der rückwärtigen Mitte im Matratzenstich zusammennähen. Dafür 35 Maschen mit den Nadeln 8 mm anschlagen. Dann kraus rechts mit verkürzten Reihen wie folgt stricken:
1. Reihe (= Hinreihe): Nur 23 Maschen stricken, die restlichen 12 Maschen auf der Nadel ungestrickt lassen, wenden.
2. Reihe (= Rückreihe): 1 Wendemasche arbeiten und die folgenden 22 Maschen rechts stricken.

3. Reihe: Jetzt 29 Maschen – einschließlich der Wendemasche der Vorreihe – rechts stricken und 6 Maschen ungestrickt auf der Nadel lassen, wenden.
4. Reihe: 1 Wendemasche arbeiten und die folgenden 28 Maschen rechts stricken.
5. Reihe: Nun alle 35 Maschen – einschließlich der Wendemasche der Vorreihe – rechts stricken.
In der 6. Reihe wieder alle 35 Maschen rechts stricken. Dann die 1.-6. Reihe noch 20x wiederholen = insgesamt 126 Reihen, am äußeren Rand mit den verkürzten Reihen gezählt. In der 126. Reihe (= letzte Rückreihe) ab Anschlag alle Maschen abketten.

FERTIGSTELLEN

Nun aus dem längeren Seitenrand (= unteren Mützenrand) 66 Maschen mit Nadeln 6 mm auffassen. Für die Blende im Rippenmuster in Reihen stricken, dabei mit 1 Rückreihe und nach der Randmasche mit 1 Masche links beginnen, am Reihenende vor der Randmasche mit 1 Masche links enden.
In 2,5 cm (= 7 Reihen Blendenhöhe) die Maschen abketten wie sie erscheinen, also rechte Maschen rechts und linke Maschen links. Nun den Anschlag- und Abkettrand einschließlich der Blendenschmalseiten im Matratzenstich verbinden (= rückwärtige Mittelnaht). Dann durch den Rand des schmalen Mützenendes mit einer Nähnadel einen passenden Faden ziehen und zusammenziehen (= Mützenspitze). Das Fadenende sorgfältig vernähen.

Das müssen Sie können ...

FÜR DIE WESTE

- ... Maschen anschlagen
- ... Rechte Maschen stricken
- ... Linke Maschen stricken
- ... Rechts verschränkte Maschen stricken
- ... Maschen abnehmen
- ... Maschen zunehmen
- ... Maschen abketten
- ... Feste Maschen häkeln

Ärmellose Weste

KETTENRAND

Die 1. Masche jeder Reihe rechts verschränkt stricken. Die letzte Masche jeder Reihe wie zum Linksstricken abheben, dabei den Faden vor der Masche weiterführen.

RIPPENMUSTER

In den Hinreihen 1 Masche rechts, 1 Masche links im Wechsel stricken. In den Rückreihen die Maschen stricken wie sie erscheinen.

GLATT RECHTS

In Hinreihen rechte Maschen, in Rückreihen linke Maschen stricken.

BETONTE ABNAHMEN

Am Reihenanfang die 3. und 4. Masche rechts zusammenstricken. Am Reihenende die 3.- und 4.letzte Masche überzogen zusammenstricken = 1 Masche wie zum Rechtsstricken abheben, die folgende Masche rechts stricken und die abgehobene Masche darüber ziehen.

BETONTE ZUNAHMEN

Am Reihenanfang nach der 2. Masche, am Reihenende vor der 2.letzten Masche je 1 Masche rechts verschränkt aus dem Querfaden herausstricken.

! Die Angaben für Größe 36/38 stehen vor dem 1. Schrägstrich, für Größe 40/42 zwischen den Schrägstrichen und für Größe 44/46 nach dem 2. Schrägstrich. Steht nur eine Angabe, gilt sie für alle Größen.

ANLEITUNG

Die Weste in einem Stück quer stricken. Der Pfeil im Schnittschema gibt die Strickrichtung an.

Mit dem vorderen Rand des linken Vorderteils beginnen. Dafür 86/90/94 Maschen mit den Nadeln 7 mm anschlagen. Für die Blende 2 cm (= 4 Reihen) im Rippenmuster stricken, dabei die Randmaschen als Kettenrand arbeiten. Dann glatt rechts mit Kettenrand weiterstricken.

Nach 35/37/39 cm (= 78/82/86 Reihen) ab Blende die ersten 42/44/46 Maschen ab dem rechten Arbeitsrand für den unteren Westenteil, die 21 Maschen ab dem linken Arbeitsrand für den oberen Westenteil markieren. Dazwischen liegen 23/25/27 Maschen für den linken Armausschnitt.

In der folgenden Hinreihe die mittleren 17/19/21 Maschen des Armausschnitts abketten. Ab hier für die Armausschnittbreite getrennt weiterstricken. Zunächst die 45/47/49 Maschen des unteren Westenteils stilllegen. Den oberen Westenteil über 24 Maschen fortsetzen, dabei in der folgenden 2. Reihe am rechten Arbeitsrand für die Armausschnittrundung 1 Masche betont abnehmen. Die Abnahme in der folgenden 2. und 4. Reihe je 1x wiederholen = 21 Maschen.

In der folgenden 6. Reihe am rechten Arbeitsrand für die Rundung wieder 1 Masche betont zunehmen. Diese Zunahme in der folgenden 4. und 2. Reihe noch je 1x wiederholen = 24 Maschen. Nun zunächst diese Maschen stilllegen. Dann über die zuerst stillgelegten 45/47/49 Maschen weiterstricken, dabei die Ab- und Zunahmen für die Armausschnittrundung am linken Arbeitsrand gegengleich arbeiten.

In der folgenden Hinreihe nach der letzten Zunahme für die Armausschnitthöhe mit gesondertem Faden 17/19/21 Maschen neu dazu anschlagen. Dann wieder im Zusammenhang über alle Maschen weiterstricken, dabei in der 1. Reihe die neu angeschlagenen Maschen zwischen unterem und oberem Westenteil einfügen = 86/90/94 Maschen. Somit ist der linke Armausschnitt beendet. Es sind nun schon 5 cm = 11 Reihen des rückwärtigen Westenteils gestrickt. Nach insgesamt 32/36/40 cm (= 70/80/88 Reihen ab Armausschnittende den rechten Armausschnitt genauso wie den linken einstricken.

Danach das Teil gegengleich zum Anfang beenden. Dafür nach Beendigung des rechten Armausschnitts noch 35/37/39 cm (= 78/82/86 Reihen) glatt rechts stricken. Danach für die vordere Blende des rechten Vorderteils im Rippenmuster stricken. In 2 cm (= 4 Reihen) Blendenhöhe die Maschen abketten wie sie erscheinen, also rechte Maschen rechts und linke Maschen links.

FERTIGSTELLEN

Das Teil spannen, anfeuchten und trocknen lassen. Die Armausschnittränder zur besseren Stabilität noch mit je 1 Runde festen Maschen mit der Häkelnadel überhäkeln.

Suchen Sie sich Mit-Strickerinnen. Gemeinsam macht das Stricken noch mehr Spaß, und man kann vom Know-how der anderen profitieren.

☆☆☆

GRÖSSE

36/38, 40/42 und 44/46

MATERIAL

Lana Grossa Metoo in Aubergine (Farbe 06), ca. 400/450/500 g

Stricknadeln 7 mm

Häkelnadel 6 mm

MASCHENPROBE

Glatt rechts mit Nadeln 7 mm
14 Maschen und 22 Reihen = 10 cm x 10 cm

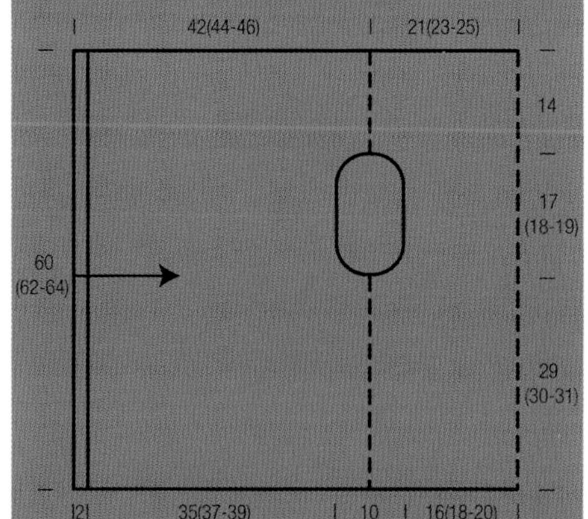

urban STYLE

KURZMANTEL UND MÜTZE

Das müssen Sie können ...

FÜR DEN MANTEL

- ... Maschen anschlagen
- ... Rechte Maschen stricken
- ... Linke Maschen stricken
- ... Maschen verzopfen
- ... Maschen abnehmen
- ... Maschen zunehmen
- ... Maschen abketten
- ... Naht im Matratzenstich
- ... Maschen auffassen

RIPPENMUSTER 1

In den Hinreihen 1 Masche rechts, 1 Masche links im Wechsel stricken. In den Rückreihen die Maschen stricken wie sie erscheinen.

RIPPENMUSTER 2

In den Hinreihen 2 Maschen rechts, 2 Maschen links im Wechsel stricken. In den Rückreihen die Maschen stricken wie sie erscheinen.

GROSSES PERLMUSTER

In Reihen nach Strickschrift A stricken. Es sind nur Rückreihen gezeichnet. In den Hinreihen die Maschen stricken wie sie erscheinen. In der Breite die Reihe mit den Maschen vor dem Rapport beginnen, den Rapport fortlaufend wiederholen, enden mit der Masche nach dem Rapport. In der Höhe die 1.-4. Reihe fortlaufend wiederholen.

ZOPF MIT GROSSEM PERLMUSTER IN REIHEN

Nach Strickschrift B stricken. Es sind nur Hinreihen gezeichnet. In den Rückreihen die Maschen stricken wie sie erscheinen. In der Breite mit den Maschen vor Pfeil a beginnen, für das große Perlmuster den Rapport (= 2 Maschen) zwischen Pfeil a und b fortlaufend wiederholen, die 8 Zopfmaschen zwischen Pfeil b und c 1x stricken, dann für das große Perlmuster den Rapport (= 2 Maschen) zwischen Pfeil c und d fortlaufend wiederholen, enden mit den Maschen nach Pfeil d. In der Höhe die 1.-12. Reihe fortlaufend wiederholen.

ZOPF MIT GROSSEM PERLMUSTER IN RUNDEN

Nach Strickschrift B stricken Es sind nur die Musterrunden gezeichnet, in den Zwischenrunden die Maschen stricken wie sie erscheinen. In der Breite mit der Masche vor Pfeil a beginnen, für das große Perlmuster den Rapport (= 2 Maschen) zwischen Pfeil a und b 5x stricken, die 8 Zopfmaschen zwischen Pfeil b und c 1x stricken, für das große Perlmuster den Rapport (= 2 Maschen) zwischen Pfeil c und d 5x stricken, mit der Masche nach Pfeil d enden. In der Höhe die 1.-12. Runde fortlaufend wiederholen.

☆☆☆

GRÖSSE

Mantel 36/38, 40/42 und 44/46

MATERIAL

Lana Grossa Lei Color in Türkis/Petrol meliert (Farbe 102), ca. 850/900/950 g,

Stricknadeln 10 mm und 12 mm

Rundstricknadel 10 mm, 100 cm lang

MASCHENPROBE

Im großen Perlmuster mit Nadeln 12 mm 8,5 Maschen und 13 Reihen = 10 cm x 10 cm

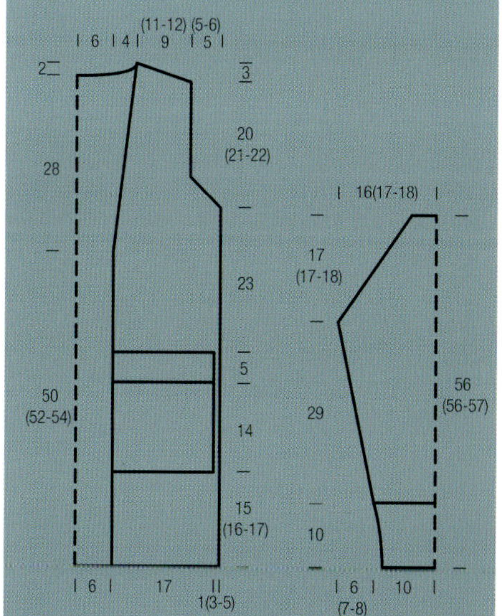

GLATT RECHTS

In Runden alle Maschen rechts stricken.

GLATT LINKS

In Runden alle Maschen links stricken.

BETONTE ABNAHMEN

Rechter Rand: Randmasche, 2 Maschen rechts zusammenstricken.
Linker Rand: 2 Maschen überzogen zusammenstricken (= 1 Masche wie zum Rechtsstricken abheben, die folgende Masche rechts stricken und die abgehobene Masche darüberziehen, Randmasche.

Mantel

RÜCKENTEIL

42/46/50 Maschen mit den Nadeln 12 mm anschlagen. Dann im großen Perlmuster stricken, dabei mit 1 Rückreihe beginnen. Nach 57/58/59 cm (= 73/75/77 Reihen) ab Anschlag beidseitig für die Armausschnitte 1 Masche betont abnehmen, dann in jeder 2. Reihe noch 3/3/4x je 1 Masche betont abnehmen = 34/38/40 Maschen. In 20/21/22 cm (= 26/28/30 Reihen) Armausschnitthöhe für die Schulterschrägungen beidseitig 3/3/4 Masche abketten, dann in jeder 2. Reihe noch 2x je 3/4/4 Maschen abketten. Gleichzeitig mit der 2. Schulterabnahme für den Halsausschnitt die mittleren 16 Maschen abketten und beide Seiten getrennt weiterstricken. Nach der letzten Schulterabnahme am äußeren Rand sind die Maschen der einen Seite aufgebraucht. Die andere Seite gegengleich beenden.

LINKES VORDERTEIL

17/19/21 Maschen mit den Nadeln 12 mm anschlagen. Im großen Perlmuster stricken, dabei mit 1 Rückreihe beginnen. Den Armausschnitt am rechten Rand in gleicher Höhe wie am Rückenteil ausführen. Bereits nach 50/52/54 cm (= 65/69/73 Reihen) ab Anschlag am linken Rand für die Ausschnittschrägung 1 Masche abketten, dann in jeder 10. Reihe noch 3x je 1 Masche abketten. Die Schulterschräge am rechten Rand in gleicher Höhe wie am Rückenteil arbeiten. Damit sind alle Maschen aufgebraucht.

RECHTES VORDERTEIL

Gegengleich zum linken Vorderteil stricken.

ÄRMEL

22 Maschen mit den Nadeln 10 mm anschlagen. Für das Bündchen 10 cm (= 12 Reihen) im Rippenmuster 1 stricken. Dann mit den Nadeln 12 mm weiterarbeiten, dabei die Maschen in der 1. Reihe wie folgt einteilen und nach Strickschrift B stricken: Randmasche, 6 Maschen großes Perlmuster, 8 Maschen Zopf, 6 Maschen großes Perlmuster, Randmasche.
Beidseitig für die Schrägungen in der 7./3./5. Reihe ab Bund 1 Masche zunehmen, dann in jeder 6./6./4. Reihe noch 4/5/6x je 1 Masche zunehmen = 32/34/36 Maschen. Die Zunahmen beidseitig im großen Perlmuster folgerichtig ergänzen.
Nach 29 cm (= 38 Reihen) ab Bund beidseitig für die Armkugel 1 Masche betont abnehmen, dann in jeder 2. Reihe 10/10/11x je 1 Masche betont abnehmen. In der folgenden Reihe die restlichen 10/12/12 Maschen auf einmal abketten. Den 2. Ärmel genauso arbeiten.

TASCHENBEUTEL

17 Maschen mit den Nadeln 12 mm anschlagen. Im großen Perlmuster stricken, dabei mit 1 Rückreihe beginnen. Nach 14 cm (= 18 Reihen) ab Anschlag für die Blende mit den Nadeln 10 mm im Rippenmuster 1 weiterstricken. In 5 cm (= 5 Reihen) Blendenhöhe die Maschen abketten wie sie erscheinen, also rechte Maschen rechts und linke Maschen links.

STRICKSCHRIFT A

STRICKSCHRIFT B

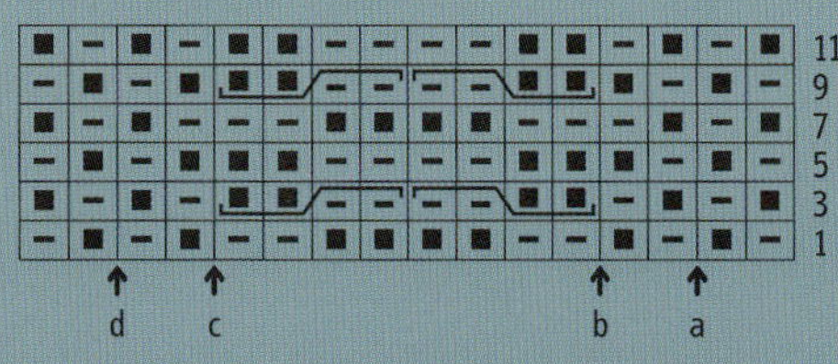

● = 1 Randmasche
■ = 1 Masche rechts
– = 1 Masche links
= 2 Maschen auf einer Hilfsnadel hinter die Arbeit legen, 2 Maschen rechts stricken, dann die 2 Maschen der Hilfsnadel links stricken
= 2 Maschen auf einer Hilfsnadel vor die Arbeit legen, 2 Maschen links stricken, dann die 2 Maschen der Hilfsnadel rechts stricken

FERTIGSTELLEN

Die Teile spannen, anfeuchten und trocknen lassen. Die Taschenbeutel jeweils laut Schnittschema so auf die Vorderteile nähen, dass die Randmaschen und der Anschlagrand nicht mehr sichtbar sind. Alle Nähte im Matratzenstich schließen. Mit der Rundstricknadel 10 mm aus den senkrechten Vorderteilrändern und dem rückwärtigen Halsausschnittrand 188/192/196 Maschen auffassen. Für die Blende im Rippenmuster 2 in Reihen stricken, dabei mit 1 Rückreihe und nach der Randmasche mit 2 Maschen links beginnen, 2 Maschen rechts, 2 Maschen links im Wechsel stricken, enden mit der Randmasche. In 12 cm (= 14 Reihen) Blendenhöhe die Maschen abketten wie sie erscheinen, also rechte Maschen rechts und linke Maschen links. Die Ärmel einsetzen. Für den Bindegürtel 5 Maschen mit den Nadeln 10 mm anschlagen. Dann im Rippenmuster 1 mit Knötchenrand in Reihen stricken. Für den Knötchenrand die 1. Masche jeder Reihe wie zum Rechtsstricken abheben, die letzte Masche jeder Reihe rechts stricken. In 145/155/165 cm Länge ab Anschlag die Maschen abketten.

Wer möchte, kann sich für Gürtelschlaufen beidseitig in Taillenhöhe je eine Luftmaschenkette aus je 7 Luftmaschen anhäkeln und den Gürtel durchschieben.

Mütze

Die Mütze in Runden stricken. Dafür 38 Maschen auf dem Nadelspiel anschlagen. Dann die Maschen wie folgt verteilen: 8 Maschen für die rückwärtige Mitte auf die 1. Nadel, 11 Maschen für eine Seite auf die 2. Nadel, 8 Maschen für die vordere Mitte auf die 3. Nadel und 11 Maschen für die andere Seite auf die 4. Nadel. Zur Runde schließen. Nun über die rückwärtigen 8 Maschen 2 Maschen glatt links, 4 Maschen glatt rechts und 2 Maschen glatt links, über die übrigen 30 Maschen wie beschrieben den Zopf mit großem Perlmuster in Runden stricken. Nach 12 cm (= 16 Runden) ab Anschlag für die Mützenspitze jeweils die 1. und 2. Perlmustermasche der 2. und 4. Nadel rechts zusammenstricken, die vorletzte und letzte Perlmustermasche jeweils überzogen zusammenstricken, siehe betonte Abnahmen. Es werden 4 Maschen in der Runde abgenommen. Diese Abnahmen in jeder 2. Runde noch 3x wiederholen = 22 Maschen. In der folgenden 2. Runde die restlichen je 3 Perlmustermaschen jeweils überzogen zusammenstricken = 18 Maschen. In der folgenden Runde je 2 Maschen rechts zusammenstricken. Die restlichen 9 Maschen mit dem Arbeitsfaden zusammenziehen. Das Fadenende sorgfältig vernähen.

Das müssen Sie können ...

FÜR DIE MÜTZE

- ... Maschen anschlagen
- ... Rechte Maschen stricken
- ... Linke Maschen stricken
- ... Maschen verzopfen
- ... In Runden stricken
- ... Maschen abnehmen

☆☆☆

GRÖSSE
Kopfumfang 54-56 cm

MATERIAL
Lana Grossa Lei Color in Türkis/ Petrol meliert (Farbe 102), ca. 50 g

Nadelspiel 12 mm

MASCHENPROBE
Im großen Perlmuster mit Nadeln 12 mm 8,5 Maschen und 13 Reihen = 10 cm x 10 cm

GOLDENE ZEITEN FÜR MAGDALENA NEUNER

Bereits im Alter von 4 Jahren stand Magdalena Neuner das erste Mal auf Alpinski, nur fünf Jahre später entdeckte sie den Biathlonsport für sich – inzwischen ist sie eine der bekanntesten und beliebtesten deutschen Sportlerinnen. Allein im Jahr 2010 konnte Magdalena Neuner zweimal den Titel „Deutsche Meisterin" beanspruchen.

Ihre Profisportkarriere verläuft ebenso rasant wie ihre Skirennen. Spätestens mit dem ersten Weltcupsieg 2007 in Oberhof gab es scheinbar kein Halten mehr, und nach den Weltmeisterschaften in Antholz avancierte Magdalena Neuner zum neuen Star des deutschen Wintersports. Doch die gelernte Zollhauptwachtmeisterin schaffte noch mehr: Von den Olympischen Winterspielen 2010 in Vancouver brachte Magdalena Neuner eine Silber- und zwei Goldmedaillen mit nach Hause nach Wallgau.

Für den sportlichen Höhenflug arbeitet sie hart und absolviert täglich ein fünf- bis sechsstündiges Training. Magdalena Neuner ist viel unterwegs. In ihren Heimatort in Oberbayern zieht sie sich zurück, wenn Sie nicht bei Wettkämpfen antritt, an einem Trainingslager teilnimmt oder für ein Fotoshooting gebucht ist.

MAGDALENA STRICKT!

„Das Stricken hat mir meine Mutter beigebracht", erzählt Magdalena Neuner. Und: „Das erste von mir gestrickte Stück war, glaube ich, ein grüner Schal", meint sie sich zu erinnern. Seitdem ruhen die Nadeln bei der Olympionikin nur selten. Selbst im Trainingslager wird – gemeinsam mit den Mannschaftskolleginnen – gestrickt. Für Magdalena Neuner eine ideale Beschäftigung: „Beim Stricken kann man sehr gut abschalten und einfach mal die Zeit vergessen." Auch beim Fernsehen klappern bei ihr die Nadeln, denn, so sagt die quirlige Sportlerin, „ich brauche immer mehrere Beschäftigungen gleichzeitig. Einfach nur dasitzen ist mir zu langweilig."

Gestrickt wird bei Magdalena Neuner alles, was ihr gefällt: Das kann ein modisches Accessoire sein, oder etwas Traditionelles aus der bayrischen Heimat, wie z.B. eine Trachtenweste. Freunde und Familie profitieren ebenso von der „Woll-Lust" der Olympia- und Weltcupsiegerin. Neu entdeckt hat Magdalena Neuner das Stricken für den Nachwuchs: „Meine beste Freundin hat eine kleine Tochter und Kindersachen stricken macht sehr viel Spaß!"

Und ihre persönlichen Favorites? Ganz vorn liegen bei der Wintersportlerin kuschelige Stricksachen aus voluminösen Garnen in bunten Farben, die so richtig Lust auf die kalte Jahreszeit machen.

In ihrem Strickkurs auf DVD zeigt sie anschaulich die Strickbasics. Das erste Werk entsteht so fast von selbst!

SIEGERMASCHEN **STRICKEN MIT MAGDALENA NEUNER**

In der Freizeit tauscht die beliebte Olympia- und Weltcupsiegerin gerne ihre Biathlonausrüstung gegen das Strickzeug und beweist modische Treffsicherheit auch abseits der sportlichen Piste: Magdalena Neuner liegt beim Stricken ganz weit vorn. Von sportlichen Pullovern mit Norwegermustern, leichten Sommer-Jacken bis zu Kuschelschals oder pfiffigen Beanie-Mützen – die Lieblingsmodelle der Olympionikin, in Zusammenarbeit mit dem bekannten Garnhersteller Lana Grossa entworfen, haben alle die Goldmedaille verdient. Von Magdalena Neuner selbst präsentiert, zeigen die Designs Masche für Masche eine andere Seite der Profisportlerin.

ISBN 978-3-7724-6730-1 • Best.-Nr. 6730

Wir danken der Firma Lana Grossa, Gaimersheim für die Unterstützung bei der Erstellung dieses Buches.

MODELLE: Lana Grossa Studio

ZEICHNUNGEN: Edeltraut Söll und Ursula Schwab

PROJEKTMANAGEMENT: Eva-Barbara Hentschel

LEKTORAT: Miriam Heil

LAYOUT: Petra Theilfarth

FOTOS: Nicholas Olonetzky

DRUCK UND BINDUNG: Korotan – Ljubljana d.o.o., Brnciceva 31, SI-1231 Ljubljana

1. Auflage 2011

ISBN 978-3-7724-6735-6 • Best.-Nr. 6735

HILFESTELLUNG ZU ALLEN FRAGEN, DIE MATERIALIEN UND KREATIVBÜCHER BETREFFEN: FRAU ERIKA NOLL BERÄT SIE. RUFEN SIE AN: 05052/91 18 58*

*normale Telefongebühren